每天的生活，都是靈魂的精心創造

You create your own reality.

每天的生活，都是靈魂的精心創造

You create your own reality.

You create your own reality.

每 天 的 生 活 ， 都 是 靈 魂 的 精 心 創 造

經典選讀 2

宇宙逍遙遊
——伊曼紐的喜悅之道

作者——Pat Rodegast
譯者——王季慶
總編輯兼翻譯召集人——李佳穎
責任編輯——張郁琦
美術設計——唐壽南
內頁排版——黃鳳君
發行人——許添盛
出版發行——賽斯文化事業有限公司
地址——新北市新店區中央七街 26 號 4 樓
電話——22196629
傳真——22193778
郵撥——50044421
版權部——李宜勳
數位出版部——李志峯
行銷業務部——楊婉慈
網路行銷部——高心怡
法律顧問——北辰著作權事務所
印刷——鴻柏印刷事業股份有限公司
總經銷——大和書報圖書股份有限公司
地址——新北市新莊區五工五路 2 號
電話——8990-2588　傳真——2299-7900
2025 年 3 月 1 日　初版一刷
售價新台幣 380 元（缺頁或破損的書，請寄回更換）

ISBN 978-626-7332-92-4
賽斯文化網站 http://www.sethtaiwan.com

Emmanual's Book

A Manual for Living Comfortably in the Cosmos

宇宙逍遙游

伊曼紐的喜悅之道

Pat Rodegast◎著

王季慶◎譯

關於賽斯文化

發行人 許添盛醫師

我是個腳踏實地的理想主義者。賽斯文化，是為了推廣身心靈健康理念而成立具公益性質的文化事業，希望透過理性與感性層面，召喚出人類心靈的「愛、智慧、內在感官與創造力」，讓每位接觸我們的讀者，具體感受「每天的生活，都是靈魂的精心創造」(You create your own reality)。我們計畫出版符合新時代賽斯精神之書籍、有聲書、影音商品及生活用品，並提攜新進的身心靈作家，致力於賽斯思想及身心靈健康觀念的推廣，期待與大家攜手共創身心靈健康新文明。

宇宙逍遙遊

——伊曼紐的喜悅之道

Emmanual's Book: A Manual for Living Comfortably in the Cosmos

目錄

譯序

告別「苦修」，踏上「樂修」之路

看這本書之前，我並不知道它到底好不好，書的封面上說，這是與「賽斯」書（我譯過其中《靈界的訊息》、《靈魂永生》等）並列的書，作爲對我們內在精神和外在世界一個愉快的、無價的嚮導。

當我展卷細讀時，立即爲它兼有詩的深奧簡潔和散文的流暢清明文風吸引，被它溫柔地牽引到一個遠在天外，又近在我心內的神祕之鄉。彷彿在風和日麗之下，觀賞一片奇花異卉，卻驚喜地發現，原來它們都綻放在我的心園裡。我沉醉其中，徘徊留連。

當我看完這本書，已用彩筆勾劃，又夾紙條又摺角地把它弄得不成樣子。我把其中最精采的片段講給摯友胡因夢、孫春華等人聽，她們都異口同聲地說：太好了，值得放入「新時代」系列。於是我又一頭栽入吃力不討好的翻譯工作。

說實在的，這是一份沉浸在「愛」中的工作，翻譯途中，我又再三地感受到伊曼紐送給我們愛的訊息而歡欣感激不已。我覺得我被繳了械，不，應該說是心悅誠服地投降，毫不抗拒地打開了我的心，讓所有的愛流進來，而不再以爲自己不配。在生活中，我也有了改變，我也盡量把那份輕鬆自在的喜悅帶進去，不再固執地苛求自己和別人。而別人給我的一切關愛，我也默默地懷著感激之心，照單全收，點滴在心頭！我發現自己眞富足，眞有福。同時，我也把愛給出去，不害怕不計較，愛是唯一越給越多的東西。

譯這本書，因爲它幾乎是字字珠璣，引起我來自內心深處的共鳴和感動，不能不停下來，細細玩味。當他說到人的孤獨和恐懼，人心內有對終極的「合一」渴望時，我不禁掩卷而泣，是悲淚，是喜淚。我終於證實了我自小所懷的一份深深「鄉愁」是其來有自的，那不是對家鄉，或世間家的「鄉愁」，而是隱隱在心中作痛、不知那裡來的思念，還有對生離死別的刻骨之痛，對愛與合一那身心俱痛的渴望，都是由於在人身時的分離狀況和疏離感所引起的。伊曼紐完全了解，並且以愛和同情一再地向我們保證我們的美好和安全。

他並沒有叫我們戴上玫瑰色的眼鏡，把世間幻化作烏托邦，他只提供了一個更廣更深的視角，使我們能以正面態度看清一切事的本質，因而有勇氣和精神去走我們每個人自選的道路。

我幾乎不敢用他的句子，因爲有太多如暮鼓晨鐘的好句子，令人難以取捨。且讓我試在此大略談一下他的重要訊息。

無可諱言的，這是本充滿宗教情操的書，但他所謂的

神或**上主**，不是具象的賞善罰惡判官，而是宇宙的**大能**，至善的**大愛**，我們靈魂的**本源**，我們心靈的**本身**。他一再強調我們每個靈魂都是**神**。他不講派別、崇拜或儀式，只說：「相信每個人之內的**上主**就是終極的宗教。」「自我實現就是實現了**神**。」談到宗教上所謂人的墮落——離開了樂園，離開了**神**，他說：「人怎麼能離開**神**呢？他就是**神**。」「**神性**不能覆蓋住人性，它就是人性。」

他告訴我們罪感的無效，恐懼的不必要，壓抑的害處。他以輕鬆的對話方式解釋了人內心共有的問題，不但包含了人的終極關懷，還談到人生——包括生前和死後——的種種，甚至「不可說」的問題。更不以超越，出世爲目標，不鄙棄人生現實的各種經驗，坦然面對關於核子戰爭、生態、外星人、墮胎等各種問題。

他說人間不是天堂，卻是到天堂之路，是我們選擇了藉以學習和成長的地方。他承認人的不完美，但卻提醒我們「要了解你們不必要完美才會被愛」。對於渴望踏上靈修之路的人，他說：「把你的愛和同情給那些否認他們的人性的人，他們走的是條痛苦的路。」的確，古往今來，大多數追求靈性之道的人，都喜以「苦修」來自勵自豪。現在到了該改變觀念，走上「樂修」之路的時候了。這才是對宇宙的**至高意識**和我們自己「信賴」和「愛」的表現。

冥想靜坐一向是各宗派共倡的內省之路，他說可用任何方法冥想，「只要它引你專注於你存在的喜悅裡。」又說：「在物質世界的歡愉，就是靈界的歡愉，它們全是一個。」「你們人類的喜悅不會引你遠離你對**上主**的愛。愛就是愛。如果你不能忍受人類的至樂，你又怎能消受得了永恆合一的至樂？」

閱讀這本書的感動和狂喜，說之不盡，還是請你們自己去親身體驗吧！

值此庚子年天災人禍不斷之際，這本書更顯珍貴！

王季慶　二〇二〇年

引言

我的朋友伊曼紐

我的上師寧・卡若里巴巴一向鼓勵我多方聆教，然後信賴我的直覺心以去蕪存菁。他的支持使我能廣徵博引，由各種不同的傳承和來源得到豐收。由各古聖今賢，我獲得在靈修之旅上的指導和支持。伊曼紐，對我而言，也是另一位這種導師。我很榮幸能把他介紹給你們，並與你們分享他的教誨。

我頭一次是在紐約市的 WBAI 電台聽到伊曼紐。實際上，我聽到派特・羅德迦斯在代伊曼紐說話。她已有一段時候和這位她稱爲伊曼紐的靈有了接觸。她能藉冥想式的調準（頻率）隨時接觸他，而且可以很清楚地聽到他，雖然她身邊的人並不能。對節目主持人的每個問題，派特接轉伊曼紐的反應。

在聽那電台節目時，我印象最深的是伊曼紐迷人和老式的優雅，他的幽默，他的口才，直爽和「新潮」，以及他的回答喚起我內心直覺的信賴這個事實。在節目完畢時，我腦海中已升起了一些個人和一般性的問題。我請朱蒂絲・史丹頓——她經由這節目介紹我認識了伊曼紐——安排我和派特及伊曼紐會面。這次會面是在一個朝著花園的安靜房間。當我們安頓好，派特開始錄音，她先描述她看到有關我的顏色，在這描述之中，她說：「伊曼紐要說些話，他說……」而後她報告伊曼紐對那些顏色的評論等……而我們就結束告辭了。

我不覺得派特是被伊曼紐「附體」。反之，她保持非常地是她自己，但很願意傳達伊曼紐的話。她傳達的方式顯出她與伊曼紐享有一種輕鬆而頗愉快的友誼。他們之間的區別很顯而易見。最明顯的是在句子結構、語言模式和字的選擇上的不同。但更微妙的是還有振動上的不同。起先我只略微注意到這精微的品質。然而，在後來的會面裡，這振動性的空間對我變得和伊曼紐的話具有同樣的深奧和重要性。

印度的大聖人拉瑪．克里希那談到靈的傳達信息說：「當花開了，蜜蜂便不請自來。」無疑地，就伊曼紐而言，似乎就是如此，過去幾年來要求與伊曼紐會面或加入研習會的人數有戲劇性的增加。派特和朱蒂絲負責由錄音帶轉記許多次面談，注意到有多少次同樣的問題被重複，而伊曼紐必須一再地重複同樣的資料。因此便努力整理出對最常被提出的問題的答案，加以影印。這就是這本書誕生的方式。接著我們看出有需要增廣這資料的範圍，以包括超過在個人面談中所產生的問題。因此，我們問伊曼紐是否願意考慮回答一套準備好的問題以備出書。他欣然參與，指出他來的目的根本就是為此。

我們五個人開始一連串的會談。除了派特和朱蒂絲，還有羅蘭和我自己，自然，還有伊曼紐。這些會面很愉快。和伊曼紐一同探索靈性旅程中可思議和不可思議的部分，提供了我們思想上的明晰，破除了長久以來困擾我們其中某一人的特殊難題。那喜悅不只是來自話語，而是，偶爾來自瀰漫在那個房間以及聚集在內的人心、充滿慈悲的治癒性的安靜。一而再地，伊曼紐似乎會用話語來指引我們一個方向，然後又溫和地激勵我們去超越理性而進入我們直覺心的靜默裡，在那兒分別心消失，而知識讓位給了智慧。

當我在講演裡介紹伊曼紐的資料時，我一再地被問到我是否眞的相信伊曼紐和派特是分開的存在，或他是派特人格的另一部分，而沒有被她有意識地認同的。對派特而言，當然根本沒有這種問題。她清楚地體驗伊曼紐爲一個分開的存有，如她體驗我們其他人一樣。

以我作爲心理學家的立場，我認可在理論上伊曼紐可以是派特的一個更深的部分。然而，就經驗而言，我知道伊曼紐在個性上，語言格調上及振動性上，都與我所知的派特相當地不同。就最後的分析而言，這其間眞又有什麼要緊呢？我所珍視的是，伊曼紐作爲一個靈性本質的朋友所傳遞的智慧。超過這個他的身分並不眞的重要，如一位偉大的印度聖人，拉瑪那．馬哈希指出的：「**神**、**上師**和**自己**是一體。」這反映在大多數的神祕主義傳統之促請求道者「認識你自己而你即認識**神**」。因此我把伊曼紐視爲一面鏡子，也可能是個不但有派特也有我的更高意識或

眞我的一個本體。如此，我感覺我是對自己存在的另一部分講話，那是我由於執著的眼罩而未能與之輕易接觸的。

最後，伊曼紐對我們常常重複的訓諭是，在他或任何人的教誨裡，我們只信任在我們內心最深處直覺地感覺是對的東西，那對我而言是我們對任何系統，不論其來源，所能應用的最後評斷標準和保護。宇宙論，基於其所涉及的形上本質，沒有科學或實證的基礎，我們的確必須在我們最深的存在裡找到終極驗證。

伊曼紐自己指出我們並不須任何新的資料。我們已有我們所需的一切。雖然它全都被說起過，但我們需要一而再聽到它，並且以符合我們所在的目前潮流或時代精神的說法來講。伊曼紐在那一點做得非常好。

我只能希望伊曼紐作爲你們靈性之友，對你們能像對我一樣有益。

在愛中

藍・達斯

序

與伊曼紐一起生活

我願與你們分享我與伊曼紐一起生活的經驗。

大約在十四年前，當我在作「超覺靜坐」（TM meditations）時，我開始有了內在的靈視（vision）。我雖努力的壓抑，它們仍持續不斷。最後我決定讓這些靈視佔一席之地。從那一刻起，我生活中每樣事都變了，正如浪漫小說常說的。

起先我感到也許是我在「幻視」，覺得很害怕。因此我開始尋求別人對這類事的說法。我看了很多書，又去聽演講和上課，只要談的是與這些經驗有那麼一丁點關係的都不放過。我進入心理治療，參加一個靈性團體，在抗拒和順隨它、享受和否定它之間徘徊猶疑。最終經過我的尋覓、自我清理，以及也許只是熟稔，對這些靈視的困擾漸漸消失，取而代之的是某種程度的安適、著迷，甚至欣賞。

在這探索的過程中，我才開始意識到，恐懼在我生命中曾是股多麼強大的力量。大半是無名的恐懼。我怕這麼多東西，包括一開始時那些靈視。但是一旦我變得能安然接受它們時，我開始求助於這些靈視，來指導我消減其他的恐懼。例如，飛行一向令我害怕。妙的是，當我對這些靈視經驗——特別是涉及伊曼紐的——開放，並把我自己向他們的智慧調準後，我竟眞能享受飛行的全程了。我現在看清了，最初是什麼驅使我去冥想，而後去探索這些靈視——就是恐懼……還有克服那恐懼的勇氣（伊曼紐提醒我道）。我心中有種強烈的渴望，要給我的孩子們以及我心內的小孩帶來證明，證實這世界是安全的。我不要我的孩子們和我一樣的害怕。這對打開一扇心靈的門似乎是個奇特的藉口，但它的確有效。它把我推入一個心靈之旅，在其中我發現我的恐懼消退了。現在逐漸地，我能說我明白這宇宙是安全的，而我的現已長大的孩子們也能這麼說。

當我的懼怕減退，愛便進來了。在最初視象透過來的兩年之後，我第一次見到伊曼紐，他看起來是個發金色光芒的靈。一開始他好像是站在我右邊的樣子，剛在我視野內，但沒任何主要位置。逐漸地他越來越移向我內在視象的中心，因而在一週之內他就清楚地直接站在我面前了。我問他是誰，他回答：「我是伊曼紐。」我問道：「你會和我在一起嗎？」他的回答是個簡單而甜蜜的「好的」。就這樣，我們共同的工作開始了。

最先我只是喜歡坐在那兒冥想，和他在一起，因爲你知道，最重要的不是我看見或聽見什麼，而是我感覺如何。從他出現的那一刻，我感受到一種愛，那在我的人類經驗裡彷彿是不熟悉的，卻又是熟悉而記得的——那種根本無法言傳的事之一。

因為我和伊曼紐相處如此舒服，信任他並不困難。困難的是信任這會面所引致的所有發展——私人的解惑、研習會、講演、全球旅行，這本書——全都超乎我有意識的系統化說明甚或能力之外，就我對自己的認識而言。我越對所提供給我的說「好的」，越多「好的」變成了智慧。當我能容許自己去信任和順隨它時，一切都成了極度的喜悅。得到的報償是即刻而錯不了的。這種深深的平安和喜悅之感，又助我更加信賴。這種信賴結果是我生命的一種正面的螺旋形上進。

花了十二年我才確信無疑，當我向伊曼紐開放時，他會在那兒。如他解釋過的，他沒有離開這接觸，是我離開了。為了要過我的日子，我必須把這兩個似乎分離的世界，在空中耍球一樣地撥弄。最終我明白，我的任務是把所有的事組合在**愛的現在**吧。我正努力去做。我和伊曼紐在一起的經驗鼓勵了我去演進，直到我能每分每秒都維持與這世界愛的共感。

許多人問我伊曼紐是誰。我仍然不確知。我們前生曾在一起嗎？他說有的。當我離開這肉身後，我們將在一起嗎？「絕對的。」他應承。他是我的大我的一部分嗎？也許，因為我們全是彼此的一部分，也是更大的**一體**的一部分。我所能確定的是，當我和那光連結時，我認識了一種深奧的榮光，那轉而又容許我完全地信賴一切萬有的甜蜜。在我們相聚時候，有時我能親身感受他帶來涵容一切的愛。這不只是靈視或理性，卻是遠爲深沉和絕對的感受。

對我而言，我走了很長的路才終於信任自己不會被靈界或人們所利用。當我太累、太分神，或自己太執著，或太漠然而不能順隨我通常說「好的」的道路時，我必須學會說「不行」。我發現我的「不行」也能是完美計劃的一部分。

伊曼紐還把別的財寶帶進了我的生活：我會見不凡的人，這本書的共同創造者，以及把這作品織在一起的金線——我來自遠古的朋友朱蒂絲·史丹頓。若不是她，我絕不會碰見藍·達斯，也不會開始我的旅行研習會。我也根本不會有開始這本書的洞見或勇氣。對這我眞是感激不盡。但她帶給我最大的祝福，是學到**上主**的天使能穿著牛仔褲和棉布衫，開著一輛貨車，擅長於諷刺性的幽默和狂妄的冒險，而仍完成**救贖的計劃**。

如此，沿途的每一步都帶來了奇妙的教誨。我的任務是開放以容納該接受的東西，而用於我自己的成長上。我學到我們是以心而非耳朵來聽。我們以我們的直覺而非心智來了解。

因此我獻給你們我最親愛的、最聰明的、最甜蜜的、最滑稽的、絕對的朋友伊曼紐。我懷著比我能在此表達的更多驕傲、愛和感激這樣做。從此以後他爲他自己發揮動人的口才。

派特·羅德迦斯

開場白

我想給你們的禮物是
我最深摯的愛、
真理帶來的安全、
宇宙的智慧
和上主的實相。

有了這四樣，你將一無阻礙，
順隨你的心
迅速地到達目的地，
那就是**家**。
我知道會有迷惑和疑慮
以及外表彷彿的混亂。
難道你看不見
在這些浮面的陰影下
有永恆的**光**？

這地球層面
既非你存在的開始

也非終結，
它僅是一步，一間教室。
我的朋友，讓我將這銘刻你心：
你是多麼穩固地栽植於永恆裡，
在你們自己的物質世界中，
你能多麼燦爛地發光，
這所有的一切
是多麼地可能，
這**計劃**又是設計得
多麼美妙。

在**上主的計劃**裡，
不會有靈魂孤單，
更不曾有靈魂失落。

伊曼紐

1 人類生命探索之旅

生命的目的是探索、
冒險、學習、享樂，
並且向家更走近一步。

肉體
頗像是太空衣。

你們的肉體
對你們而言，
可以象徵——
局限、

最終的痛苦和死亡、
令人驚訝和警惕的需求，
及帶來無限汙辱的未曾預期的瑣事。
或者它們可被視爲靈魂選擇的居所，
因爲，它們很像太空衣，
在你們所居之處是必要的。

你們將學會
在你們的人性裡
認識你們的神性。

屬靈的和屬人的必須攜手同行，
不然靈性沒有基礎
可以掌握。

我們皆爲一體。
我們的都是一個實相、一個能源、
一個感知。
這個事實，
心智不能掌握，
無法不加抗拒地接受，
但心卻渴望明白。
生命的目的豈非——
明白你有所歸屬，

你是安全而永恆不滅的，
在你靈性實相裡
你已然與**上主**為一？

人類的情況
並非天堂的反面，
而是其複製品，在一個有限的觀點內，
以物質的形式示現。
人類經驗裡沒有一樣
不存在於靈性裡。

這即是人類情況是有福的原因。
它是面鏡子，
靈性情狀的
忠實複製品。
在萬事中皆有**神性**，
欲找到那**神性**，
人必須從手邊的材料著手。
把黏土扔棄，
即是質疑那形成它的
神聖能量。

你們的課文已完備。

人類成長所需要聽的
全都在此。沒有更多的了。
不會有新的教材，
因爲無此必要。
我們這些靈在這兒要做的，
是指給你們
那些已給了你們的。

你們住在一個疼愛你們的宇宙裡。
這兒所有的力量是爲協助你們，
支持你們。

我們對你們極其欽佩。
我們那些曾做過人類的
完全明白做人所需要的勇氣。

人生經驗是
靈魂所想知道的事
的外在象徵。

每個靈魂都進入一個
它對內心之**光**有意抗拒所化成的
實質的象徵性實相裡。
因此當你體驗你的人生，

看它是那渴望的每一個外在的顯現，
同時也是對那渴望的否定。
每個投生的靈魂都帶著它的負面性，
否則它根本不會投生。

當你進入一個人生，
你進入了一個感知的錯覺裡。
即東方傳統所稱的幻境。
如果你處幻境如眞實，
你可能變得很痛苦、害怕和不適。
反之，以人生創造者的姿態
進入人生，
把它全視爲一個不可思議的
有價值的學習經驗。
你可在每種情狀裡看到
你作為黏土的塑造者角色，
而在你所創造的外在實相裡，
你可覺察你內我的
鏡中之影。

從你們決定投生的那一剎那，
直到靈魂決定它已受夠了
而選擇離去時，
你們全在一條自我負責的路上。

你們要負責，
不只爲你們每日的行爲，
並且爲你存在這事實的本身，
因爲它擴展了你所牽涉的範圍，
甚至超越受孕和墳墓。

你們每個人
都是神的一部分，
說：「我要創造。」

幾乎難以追憶
在你存在的那一點。
你，作爲**神**的一部分
決定要變爲人。

自我實現即**神**的實現。

神性不能覆蓋住人性。
神性**就是**人性。
沒有分離。
認識你自己，你就將認識**上主**。

既然你們的基本元素
是神的能量，

那即是創造，
故你們創造。

你們是創造者。
你們是受造者。
你創造你的扭曲，
也創造你的眞實。
這是你的學習之道。

你選擇兒時的環境，
那最有效的觸媒，
以將那些扭曲帶入焦點。
那是在你這一生
你選擇要致力其上的。

在形成你的身體、
你的心智和你的情感時，
你用了一個卓越的計劃、
構造和策略。
信任你靈魂的智慧，
它選擇那嬰兒的環境，
以形成你對人生的概念。

你們不但創造了你們的人生，
也創造了你們的星球。

這是個有選擇的星球，
在此你們同時可見到黑暗與光明，
並有選擇的自由。

提高了的覺性，
是你們星球療癒之
非常主要的一部分。

你們的世界是在實質的危機裡，
但何謂危機？
一個學習的過程。

對你的人類同胞要有信心，
他們是可教的。

在你們整個的本質裡，
你們已然是完成的。

在更大的、涵蓋一切的實相裡，
所有你們這些在肉體內的可愛靈魂，
仍然是與
平衡、眞實及合一的**聖律**
安全地相連。

我們為何在此？

因爲當靈魂朝向再度**合**一的
演化過程裡，
你們在這個意識層面停了下來
以記起你們是誰。
你們爲何再進入人形內，
若非爲了
提醒你的
遺忘了它最終目的的那個部分，
在它們發現過程的
外在擴展裡，
失落和陷入羅網，
發現自己彷彿被切斷，
找不到回**家**之路？

在你們的一生裡常會自問：
「我忘了什麼？」當你們在痛苦時，
會問：「我記不得的到底是什麼？」
當你感到失落時，則問：
「我把我眞正的身分
擱到哪兒去了？」
我親愛的，人生是一個必要步驟。
它是個偉大和榮耀的教室。

它就正是你們的意識應屬的地方。
如果它不是，你們不會在這兒。

我在這兒是來招引你們回**家**。

這是一個幻相的教室。

不要把永恆的實相付諸
暫時的東西。

一旦你學到了你來學的事
就可離開那幻相。
當你把你的課本留在後面，
要盡量把它保存在最佳狀況
以便下一班級使用。
明白那幻相的目的
即是給了它可敬之處。
在最終一切都是很好的。

當轉向光明的欲望增強時
靈魂知道何處仍有阻力
並負起探索那阻力的責任。

聖律保護那些覺性較低的，

不給他們比他們能擔負的
更多的選擇、更多的責任。
相似律
將人類以物質方式顯現的實相
放在一個適當的意識層面。

一個人不會由一年級就進入
研究所，而是一步步的。
當意識探索並創造它自己，
它慢慢地升上覺性的階梯。
一個在深深的黑暗
和愚昧中的人，
當他們自肉體脫離時，
並非突然躍入
燦爛的**光**和完全的責任裡。
那將違反了
意識創造它自己實相的
神聖合同。

真理有許多層面。
它們全部都
對你的整個覺性
有所貢獻。

追隨每條線在其自己的感知水平上，
不要被那並臥的、似乎相反的境況
所困惑。
終究，這些二元性將被視爲
那整體的必須部分。

卻就是在那幻相裡
埋藏著你們眞相的種子。
當你探索你生命中的痛苦
並接受那你自己所造的痛苦，
你把自己直接導向那幻相，
導向你內在的黑暗。

透過了解
並爲那黑暗擔負起完全的責任，
然後你才能
解開那特定區域的糾結，
而把它帶回
到生命之流裡，到眞理裡。

你的真理即你的力量。

眞理本身是你所能做的最能解放心靈的
發現。

擺脫對死亡的恐懼，
擺脫不信任和局限，
自由地去做眞正的你——
藉由付出內省和誠實的代價
這些是你將收到的禮物。

人類生活是最艱苦的教室，
直到你學會那簡單的事實——
你的眞理即你的力量、
你的解救、你的成就、
你的目的和你的道路。
一旦你能眞正相信，
生命就變成了歡欣而富饒的花園，
它本應如此。

歡欣是回響於全宇宙的聲音。

當你看穿了你所有掙扎
的本來面目是誤解，
你便聽見那聲音。
那麼所有的迷惑，
的確，在它最好和最壞時的人類狀況，
被看作是當靈魂的意識
在追求它本已有的一**體**時

所創造的虛幻。

自由並非幻相
自由是存在的自然方式。
它是你們與生俱有的權利。
它是你們的家。

要願意接受那掠過太陽的陰影。

如果這世界是個完美的處所，
靈魂到哪兒上學？

別爲你所見存在這世上
的限制而哭泣。
這些限制有其存在的目的。
若非在一個不完美的世界裡，
哪裡有學習的機會？
別爲受苦的人，
及生活能力有限的人
悲傷。
看你們的世界爲一無常之所，
靈魂選擇來到的地方，
因爲這是他們所選擇的
學習模式，

一直到最微末的細節。

萬事來自上主，
所有的意識終會明白
它與上主原為一體。

意識的自然流向
是朝向**光**。
對**合**一的唯一阻力
在你自己的意識之內。
這即是掙扎之所在。

當覺性擴大時，它不能縮小。
它可被扭曲，但不能縮回。
一旦認識了人類的意識，
再回去作一片草葉，
便沒什麼用了；
因爲人類存在的業報結構，
遠比草葉的來得更複雜和明白。
由你仍擁有的抗拒力，
經驗乃出現於你的生活裡，
爲了使你明白眞理和**光明**。
它們向你顯示這些阻礙的痛苦，
因此你會通過它們。

明白了所有萬事
都在向**上主**接近，
在這信心裡，
那些阻礙負上了
一個不同的意義和形象。

它們在人類的層面
阻礙，
但在終極的層面
指導。

不論是短暫的或無限的，
萬事皆美。

你們有人只想看
那已點亮了的，
而希望避免
你們世上仍在黑暗中的事物。

並不需要掩飾洗刷
生命才會美。

假定你們去解剖一個人，
把他分解成他所有的成分，

那就不會有必要
爲任何一部分抱歉。

在每樣東西裡都有生命，
在每樣東西裡都有意識。

如果意識達到了
一片草的層面，
那麼它就在那兒。
當意識成長，
並在一個更具覺性的狀態感知它自己，
那麼它就以一個更具覺性的狀態示現。

光明和黑暗之戰
是在你內。

這不是個造成受害者的世界。
你們對自己的人生有很大的控制力。
你們在此是爲看見你在**光明**裡的位置，
同時也找到，
殘餘的、決心要破壞**光明**的黑暗地帶。
人太常被消極感受所害，
然而消極感受
實在是爲個人所持有

作爲業報結構的一部分。

黑暗是個選擇。

我們說的是對**光明**的一個否定，
而非**光明**的不存在。
因此，在萬事萬物裡皆有**神**的觀念
並非那麼矛盾不能相容的。

何謂開悟？

什麼都是，什麼都不是。
讓我看我能否找到另一個方式來說明。
如果我對你說：「開悟是全知。」
我就局限了開悟。
如果我說：「開悟是泛愛。」
我就限制了愛。
不可能有開始和結束
而你們人類的字彙充斥著限制。
因此讓我們說
開悟是永恆地存在於此刻。
不藉理性
卻與萬物的意識同在。
它是不知「非平安」的

絕對平安。

它是不覺知憎恨的
絕對的愛。

它是沒有窮盡的萬事
已遺忘了窮盡的幻相。

它是不記得非極樂的
極樂。

它是簡簡單單的「如是」。

它是你。
沒有你的實質性，
沒有你的個性，
沒有你的衣著，
沒有你的障礙，
沒有你的恐懼，
沒有你的限制和界限，
甚至除了是
無限**光明**
的無限感知者外，
沒有對自己的意識。

而那也並沒能描述它，
卻是我在此刻所能作的最好的描述。

那覆蓋在具肉身的靈魂之上
一層又一層
對上主的否認，
不能全部一下拿掉，
好像在外科過程裡那樣。
它們需要
透過經驗而
逐漸消磨其阻力。

不幸的是，許多經驗是痛苦
並且負面的，直到某一點
之後，學習才能
經由光明和快樂而進行。
然而，當有逃避眞理和責任
的深深欲望時，
快樂可能會被用作逃避
而非學習。
當然，會有對那痛苦的推卸責任，
但沒有那痛苦
根本就不會有責任的問題。
那麼，忍耐些，容許你自己

看見那存在於人類循環裡
一層又一層的抗拒逐漸風化。
你將看到你所認爲的可怕困難
正是學習的機會。

最後的合一是相互依存，
而非自己的抹殺。

你對永恆真理所抱持的愛，
即是你的生命線
通過生生世世
引導你到終極的目標。

那條線多麼纖細，卻又多麼強韌！
就這樣繼續織氈下去
每一生的編織
就把你更帶近了那個時候——
當你不再繼續輪迴，
而追隨你靈魂的欲望
進入更高層的意識。

最後，當所有一切再與**上主**合一
並且對此事全然地覺知，
我答應你，絕不會有那一刹那

當你回望某一生而說：
「那很　　。」
你將說：
「那是愛想要明白它自身。」

在靈性裡，
你存在的本質
就是愛。

我說的是你們心裡的
溫柔和善，
那就是**上主**的意識，
那即是你眞正的身分。

當你在愛中觸及一位人類同胞，
你便做了**上主**的工作。

在每一個人之內
看到一個墮落的天使。

有一你不覺知的
全盤計劃，
對它，你所能有的唯一貢獻
就是做你自己，

盡你所能
找尋你更高的真理，
而跟著你的心去做。

這是**上主**的救贖計劃，
不只是對靈魂意識
也是對地球本身。

時候快到了，
當有始以來所有努力的累積
將給你們的行星帶來一個
光明的更新層面。
它仍將是間教室，
在負面和正面之間，
提供一個選擇的機會。
然而，會有更多**光明**
及對那**光明**的感知。
將有一個平衡，
在那兒，愛可以茁壯，
在那兒，仁慈是一種力量，
並被如此承認，
在那兒，**上主**又可被放在
每個人類意識的中心。

恩寵的狀態
需要那接受者
來成全它。

你被握在**上主**手中，
完全地被愛，
當那愛能被接受，
電路才完成了。

當人向源頭接近，
有那麼一剎那
言語無法形容，
接受者變成了付出者，
而容器變成了源頭。

……而後
永恆之舞
才真正開始。

伊曼紐，在你眼中，人類看來是什麼樣子？

當我看見一個靈魂，我看見**光**——晶瑩如水晶，純淨、擴散而非常美麗。當我看見一個人，我看見那同一個靈魂常常是被擠扁的，在各種暗淡色彩的覆蓋下掙扎，使得其燦爛光輝被包隔於較不透明的靈光裡。在其下，當然，是每個靈魂裡真正的**神光**。當我以愛心觀看你時，我看見那**光**正如你們彼此以愛心相看時那樣。

你想知道懷疑和恐懼的顏色嗎？我從最暗的顏色開始，那是對**上主**的否認、憎恨（愛的缺席），那是非常暗的黑色。它是個幻相，但有時是一個深暗濃密的幻相。恐懼的情緒不只是可被看到，那是一種關閉、一種灰色，它也可與連帶的憤怒一起被看到，它像是最強烈、最噁心的黃色硫磺發出的尖叫。

激情，無論是哪一種，都是各種深淺的紅色，知性常是黃色，而當它被用在正面的目的，它是種金黃的、牛油似的黃。當它被用來否定你的心，它就變成了一種更濃的黃色。

綠色是治癒——在身體內發生的治癒，或渴望去治癒別人，那常與代表愛、人類愛的柔和粉紅相混。

對**上主**的愛煥發出白光。銀色是溝通、說話。當它在說實話時，璀璨生輝。當它否認眞理或用來操縱時，就變成鐵灰色。

藍色在與擴展的靈性相連時，或人與人間相知相惜的關係相連時，是最明亮的。也有一種較深的藍，也同樣的清晰美麗，因它反映你內心的深情，當你與自己的內我有直接而眞實的溝通時。

淡紫和紫，是靈的顏色。常常，雖非必然，當你的指導靈首次顯現給你看時，他們是這種顏色。

金色是**上主的愛**，透過你對這類召喚心甘情願的承諾而給予了世界。

你們對這些事全都覺知。我說出來只爲重新喚醒你們在你們最早日子裡的經驗，當你們看見色彩包圍著四周的人。在你們能了解語言之前，它給了你們明確的訊息。

我看見你們全如彩虹一般。

2 神，光明，基督，墮落

你和神是一體的。

那最終的
心智、心、靈魂與肉體的融合，
將把你帶入完全的整合。
然後再將你
自輪迴中釋出。
你最終的自我實現
即是神的實現，
因為你和神是一體的。
這是你經過生生世世的
逆旅
發現的事。

在我甚至不能確定我是否相信神或內我的存在之前，如何能明白這些事？

信仰不是理性的事，
而是一種感覺。

你不必相信。你只需有想相信的意念。
你不能用意志叫自己相信。
但一旦你把障礙除去，
信心就在那兒，
因為它是你存在自然的一部分。

要真正地認識**上主**，你必須發現你是誰。
目前，你可將**上主**當作是個更高的眞相，
一個更廣的實相、自然律、
神聖的安全和愛。
我說的是永恆的實相。
那是慷慨、仁慈、有愛心的。
你可隨意把它解釋為任何人類形象，
但一旦你找到你的核心——
你那發亮的**光**，
你將認識**上主**是誰。

你的心智不可能了解上主，

你的心卻已然明白。

心智是爲了實行
心的命令而設計的。
心智回答「如何」
而非「什麼」的問題。
「什麼」是個較深的問題。

在每個人內心，人生最偉大的戰事
是在理性和心之間——
當心在說：「就是如此。」
而理性在說：
「我不了解，因此我不相信。」

當你和另一個人在一起，
你們眞的是以心智來溝通嗎？
或你是否在對一個靈魂說話，
而心智在倉皇奔走
試著想把它全弄順當而以字彙表達？

當你的心智問：「爲什麼？」
你體認到它是多麼容易滿足於
一個浮面的回答。
當你的心問：「爲什麼？」

它什麼都不要，除了**神**的眞理。

心是個不會出錯的羅盤，
在你們每個人之內。
心認識靈魂
遠較心智為多。
除非你的心智是在
爲心服務，
否則它就變成一個彆扭而偏差的主人。

你唯一的正途，
是那在你裡面已設計好了的
一條路。
要找到它，
你必須聽見自己的心，
除此根本沒有其他的法子。

雖然卑微的心智，在恐懼中，
是頑固而想支配一切的，
你那更深的部分將開始耳語
你永恆的安全這個眞理
以及你與**上主**的**一體**，
因此傾聽你的心聲吧。
這是你的**光明**和

眞理之所在。

你的意志和上主的意志
是一樣的。

這件事講起來是如此的甜蜜
又如此的難以令人相信。
一旦你開始信任你的心，
你將領悟
當某件事帶給你歡欣和滿足，
那是**上主**的意志
透過了你的心在說話。

你生下來，
上主的核心便在你內。
你難道能不信任
這核心對你說話？
並信任
你的心想引導你去的地方
也是**上主**想引導你去的地方？

每次那對**上主**的渴望
在你的意識內顯現，
你從靈魂本身

又多抹平去掉了一些
那些某層面仍否認**上主**意志
的對抗和粗糙。
如果你數岸上的沙粒，
你將知道
在這一生以及前世，
你曾多少次地
渴望領悟你與**上主**的**合一**。

當你打心底說，
「我選擇要了解**上主**的意志。」
那就是自由意志的基本應用。
只在你有選擇的自由時，
這才能發生。
臣服這件事是不能勉強的。

刻意去放鬆反而使它更緊，
因爲放鬆不會向意志讓步。
它只向讓步讓步。
向你自己的實相、
你自己的人品臣服吧。
沒有人能從你這兒
拿走這些，
也沒有人能替你成全它，

除了你自己。
當臣服加深了，
自主性便顯著地凸顯出來。

藉著臣服之舉，
你實現了對你人生的
絕對控制。
臣服是個抉擇——
一個絕對的、個人的抉擇。

一個人無法對
上主之外的任何東西
完全地臣服，
所有其他的臣服皆為象徵性。

臣服可被宣稱是最自私的行爲，
因爲它導向了完全的圓滿。

當人的意志與**上主**的意志聯合，
就成了一個毫不費力的存在，
在其中你內在的智慧
在舒適的地方
輕鬆地掌握全局。

欲知**上主**意志的在場，
你必須傾聽那住在你內的
許多聲音。
你將發現恐懼的、
憤怒的、矛盾的、頑固的聲音，
各種的幻相。
當那些聲音變得熟悉了，
然後你才更容易聽到
你內在智慧的
溫和、柔順、
溫暖和**光明**
它與那些覆蓋在內在知識之上的
其他刺耳聲音相反，
它即爲**上主**的意志。

對每個靈魂的最後教訓，
是顯現在你自己心內
對**上主**意志的完全臣服。

一個人並不需要逆風挺立，
他退讓而變成風的一部分。

個人的靈魂
與宇宙的靈魂，與**上主**

之間的關係，
就和任何能量因素與其源頭
的一體
非常相似。

你們是那週行不已的永恆力量之
一部分。
藉每一次的投生，
你卸除把你與一**體**分開的誤解。
只因那迷惑
把你隔離了，
你現在正找到回家的路。

人類的「神性」是什麼？

你身體的每個細胞，
你內在的每個意識，
人性的每一個成分，
以致永劫之後。

人類
眞是個不可置信的顯現。
別如此嚴苛，
當你偏離了，

在你容許自己
承認內心的**上主**之前，
你的想像力告訴你
所謂的完美狀況。
你難道看不出那是多麼的偏狹嗎？

每個靈魂，當它被點亮之時，
就是個力量之點。
雖然它一開始是微弱的，
如果你不讓你的光芒照耀，
你又如何幫忙點亮世界？
別以它的亮度來判斷它。

一旦你完全接受
你**神性**的實在，
你就自由了，你就自由了，你就自由了。

伊曼紐，你所在的地方是什麼樣子？

你知道是什麼樣子，
當你安靜地走過樹林。
你看見一朵美麗的花，單純、
天真，
絕對信任**上主**的律法。

你對那朵花說，
「哦，如果你能治理世界就好了。」
在這兒它已做到。

伊曼紐，你怎麼成為一個體現上主的生靈？

我經歷過所有你正在體驗的
人類的顯現。
我也曾選擇了離開**合一**
以找尋我自己的意識，
並把它帶回
增益**上主的光**。
在路上，我變得善忘，
如你們一樣，
彷彿，我發現自己耽溺於
一個與**上主**這麼隔閡的世界，
當我充分領會到
那可怖的信念時，
我感覺四周全是黑暗。

然而，在渴望和痛苦增加時，
我開始轉身，
去尋找**光明**，
正如你們全都做過的，

我明白如果我因缺乏**光明**而感覺痛苦，
那麼那兒必有**光明**。
如果黑暗是我天然的家，
我在那兒會很安適。

因此我轉身，
就像你們做過的，
我爬山涉水，
在清眞寺、佛寺和教堂裡祈禱，
追隨教師，跌倒又再起來，
直至當我演進到
能眞心誠意地說，
「我與**上主**爲一體。」
那時我便由我的輪迴循環裡
被放了出來。

我們究竟為何離開了與上主的合一？

與**上主**的分離
開始了一個愛的旅程，
個體狀態的意識
透過人類實相的經驗
尋求完全地認識它自己，
因此它能

以更亮的光和更大的了解
回到那**合一**。

這增益了**合一**之境的實相。
因爲所有的東西是在一個
持續擴張和創造的狀態。

至高的神無所不在，
然而若沒有個體化的經驗——
那個分離——
就會有一個空白，少了一片。
會有一個整體，卻不是
意識經過體驗、表現，
因而變爲其一部分的
那個無窮創造的
迴旋宇宙。

你們正在學習
作爲創造者的最深意義。
你們在準備
與**神**共同創造
浪子回頭。
眞相是，人根本從未「墮落」。
墮落是人類經驗的一個象徵。

作爲一個象徵，墮落是
遺忘了個體的最初目的，
迷失於分神的事裡，
而忘了靈的意向。
人怎能離開**神**？
人即**神**。

把**墮落**的重演當作
帶你回到**光明**的一張神奇地圖。
在每一生你重新體驗**墮落**。
每次投生
讓你發現在何處你仍退縮、否認。
你的疏離感
反映那最初的分離，
最初的遺忘。
每件東西都在一個悸動狀態：
宇宙的天體、銀河系、地球
和構成你們身體的分子。
與**上主**的分離與回返……
這是宇宙的創造性悸動。
這墮落是最偉大的愛的行為。

誰願意離開**合一**
若非爲了透過離開而對那**合**一有助？

正如你曾浪跡於未知的世紀，
永遠朝下一刻的空無挪進
以創造**光明**。
你由這旅程中分裂出來，
忘了你是誰，
你為何到來。
在這遺忘裡，
你接受了人類的個性
而走向特殊化。
在那特殊性裡，
你發現你自己現在似乎
不再與**源頭**相連，
經過令人痛苦的緩慢過程，
你試圖再回到
合一。

一個人如何能將「一切萬有」個人化？
當你自**合**一移開，
你與**合一**一同移動，
而你就是**合一**。
你即**合一**在擴張。
你即**合一**在創造的行動中。
因為創造必須創造，
因而這創造

沒完沒了。

永遠沒有那麼一個時候，
當意識說：
「好吧，我已做夠了。」
永遠沒有那麼一個時候，
當**光明**說：「我照耀夠了。」
當**創造**說：「我創造夠了。」
因為當某物存在，
它就必須安於其本性。
而**創造**的本性就是去創造。
愛的本性就是去愛。

因此，當你作為一個人，
你所見的自己與你眞正的自己相異。
人格是你
在每一次投生裡
穿上的衣裳，
來假扮你是誰。
眞正的你
永不能全然地與這種假扮認同，
因為你知道你是誰，
而那知識總是被
帶入**更大的未知**而又回了**家**，

全都在同一時刻。

那是個相當大的引申。

如果你相信你所認為的你
和那**家**及**更大的未知**
是在不同的地方，
它才是個引申。

耶穌基督是誰？

基督是位教師。
我說「是」而非「曾是」，
因為**祂**仍存在
並且對你們這兒所有的人
仍是有求必應的。
祂是一個**愛**和**光明**、
兄弟愛和療癒的靈。
祂深深地捲入
人類世界裡。

耶穌是我的兄弟
也是你的兄弟。
一個**光之靈**。

沒有一個進入這物質世界的人
在其核心，不是
一個**光之靈**。

耶穌基督
是**光明**之實相，
在人類世界
至高無上的例子。

基督的誕生
是「永恆的愛」之吻。
它是**上主**給人類
最偉大的禮物之一。
它是**上主**的永恆實相，
祂的愛、**祂**的滋育，
及所謂**祂**的干預的象徵，
而以人的形式示現。

如果在每個人的意識裡
能重新體驗
基督的整個一生，
那麼它可成為每個靈魂的掙扎
最壯觀的象徵──
一個自疑、伸向、成長、

擴展、施愛的實相。
它可成為
具體化了的
上主之聖言。

耶穌一生是人性的鏡子。
耶穌的靈魂
雖然有**神的意識**，
當**祂**體驗人性時
亦知混亂。
與肉身有
很多的認同，
因而有問題、疑懼、懷疑。
但所有那些都是設定
以帶來對人類狀況
新而更深的了解。
耶穌基督的奮鬥，是個描寫，
在其中人類可見自己的映影
以及成長過程的
無限可能性。
絕對是由上主來的一件禮物。
如果耶穌是你的一面鏡子，
你看到的自己會是如何的呢？
你們每個人的反影又是如何的呢？

其他的先知以不同的模式說話，
但耶穌透過人類經驗說話。
人類的經驗已與祂的靈相結合，
這教訓是祂活給你們看的。
基督是在說：「看吧，人類。
看看你們能做的。
看明白你是誰。」

基督有一天會現形於地球上嗎？

我站在這裡提醒你們，
在你們自己的存在裡
就有你們尋求的基督。
至於說那燦爛之**光**的具體表現，
我想不會。
其他人能爲他們自己取得那**光明**。
於是他們
以那中心的燦爛光輝
之名並以其授權
而變成教師。
記住那火花是
由中心點燃，
而那**光明**是每個人都可得的。

在你們每個人之內存在著
那令人目盲的閃光。
當覺悟變成了人身，
它以自己的**光**發亮。
當**基督的意識**回來時，
你們會見到這**光**。
天堂是你們每一個人心內
那個在**光明**中舞蹈的空間。

「天堂」是個字眼，
發明了來代表
那不可代表的。

天堂在你們的心內，
在你們的意識內，
而即使在這一刻當你行走時，
它也是在你可捉住的範圍內的。

天堂是歡欣與愛、
無窮的進取
和無限的創造力。

天堂是你追求的每件東西

還多更多。

天堂即你的家。

3 愛

假如從現在起
直到時間結束，
你不斷吸收，
也耗盡不了宇宙裡的愛。

愛是所有的存在，

愛是宇宙性的溝通，
愛是能源，
它創造了宇宙

並維持其運行。
上主是愛。
萬物因愛而成。
有一種有機的愛，
對每個人說話，
只要他們能聽到。
一片葉子為愛而保住自己。

愛能使世界運轉
而且也正在這樣做。
如果不是愛，你認爲轉動你們行星的
是什麼？
你認爲你們太陽火花包含的是什麼？
還有你們身體的細胞、
還有你們天空裡的星星、
還有你們心裡的意識，
那全是愛。

除了愛沒有別的。
別讓面具和姿態唬住你。
愛是膠，
支撐著整個宇宙。
一個靈魂最大的需要
是成就自己的愛，

那將帶來統一，
因而曾引起如許痛苦的那些批判
可被消除。

眞正的自愛並非自我，
眞正的愛是非常謙遜的。
除非你對自己有充分的愛與同情，
否則對別人的愛與同情
不能存在。
如果你不愛自己，
你如何能感覺**上主**的愛？
它們豈不是二而一的事情？

除非你能接受自己，
否則你就鎖上了門，
而達不到你們全都渴求的「擴展」。
這擴展經由你的心而來。
對你自己要仁慈一點。

愛不需要練習。
愛就是「在」。
一個人不能練習這「在」，
然而，一個人能練習
去作付出愛的決定。

是當體驗到沒有愛
是怎麼樣的時候，
你才找到愛的途徑。
正如到**光明**之路
是要對黑暗有所覺知。
你作那無上的抉擇。
愛不是你學會的，
而是你讓它自生。
愛以許多面目出現。
它可由一位藝術家
順暢的作品中顯出來、
它可以是一位殉道者莊嚴的自我犧牲、
它可以是一位領導者堅定的決心、
它可以是雙親的觸摸，
像牽著一個小孩過街。
這樣簡單的事
也是一種重大的愛之舉動。

每個仁慈與愛的行動
給你們世界裡**神的真理**，
加上更多的**光**和更多力量。
把愛的觀念帶到
你們的物質實相，
盡量豐富地活在愛裡，

即是回應那曾決定來投生的
內心之**神**的召喚。

你們世上的每個人都渴望
有那種完成，
這不是**上主**之愛的代替品，
卻是成爲實質**宇宙計劃**的
一個滋養、給予精力、賦予自由
的一面。

也許你怕
在**上主**和你的配偶之間
不知如何分配你的愛。
在一個實質層面
你得到的滋養，
事實上，對你靈性的成長有利。
你渴望愛
正如花朵渴望太陽，
而你也有同樣多的權利去得到它。

愛能超越死亡嗎？

愛是永恆的，
它穿越每個虛幻的阻礙，
好比時間和空間。
愛是個不可破裂的聯繫。
甚至當你們全都走來走去
忙碌地從事日常工作時，
你的意識已由物質穿過非物質
又回來了。

當你在心內帶著
回歸**上主**的愛和渴望，
返家的聖事
在你生活中是個經常重現的實相。
你的心正引你回**家**。

你們的文化認為
心智必須領導，
而被懷疑為不理性的心，
則必須跟隨。
我希望把這誤解反轉過來
還給你們，
你們的心、

你們靈魂的能量、你們的自發性
和對生命的愛。

世界不必要合理。
只要被體驗。
合理化是心智的要求，
它對心說，
「這兒由我作主。
你很蠢，什麼都不知道。」

思想是種工具，將你領到門口，
而後你得把它留在後面。

我們怎樣才不為我們所愛的人擔心？

要信賴
每個靈魂的絕對智慧。
擔憂即不信任，
它只是被放在
社會似乎能接受的一個位子。

如果你說：
「我爲我的孩子擔憂。」
每個人都說：「對，當然。」

而認爲你是個好父母。
但如果你說：
「我眞的並不信任那**神聖的計劃**。」
你認爲反應會是什麼呢？

我如何能開放我的心以聽見上主？

放鬆所有那些
你世代以來
用以關閉它的設計。
心的自然狀態是開放的。

留意你如何努力
去阻止自己
得到你所尋找的。
它會助你回答這些問題。
我如何找到我的路？
我如何開放我的心？
我如何觸及內心的**神**？
我如何聽見與我同在的靈？
我如何學會去愛？
我如何長成爲本然的我？
由不再作本非你的那個人。

在你們人類世界，

沒有一顆心

當它的安全得到了保證時

不即刻開放的。

完全是恐懼的問題。

4 靈性之路：任務、教師、學習

如果每一個人
都為他們自己的成長而
選擇生活，
那麼你是否會說
所有人類
都在靈性之路上？

絕對的。

伊曼紐，那是個很美的想法。

整個宇宙
就是個美麗的想法。

你將由這一步
知道你的下一步。

你絕不會以任何其他方式
找到它。
你的理性
不知道它。
你無法想像
神的實相，
你只能體驗它。

你常誤解了你的道路，
當它是終極的象徵
而非一個方法。

人類寧願爲一個存在的實相
建立象徵，
而非直接走向「心」，
那內在的庇護所。
奇妙的本能渴望
遭到誤導，
就在於尋求者，
把尋找變成了
目標。

儀式並非那道路。
它們是提醒你
那兒是有路的。

注意聽，
不論哪種儀式對你說話。
當它不再對你說話，
另找一個，
如果你需要另一個。

讓我提議這個練習。
以愛來看所有事物，像是你的一部分。
你有沒看出我是如何把
愛你自己的必要性偷偷放進去？
你們有些人甚至沒注意到。

例如：一朵花。
用你的愛觸及它，
不只是視覺上的，卻是經驗上的。
吸進它的香氣：它是你的一部分。
看見它的美：那就是你的本然。
觸摸它的柔：那就是你的柔。
感覺它的根的力量，
那就是你的力量。
你在你的世界裡紮根。
若非它已是你的一部分，
你不會看見那朵花。
最後，你最偉大的教師
就是以開放的心生活。

你生命的每一刻
都是你的任務。
你最會做什麼？
什麼給你最大的成就感？

那就是你任務之所在。
你自己的心會領你
到你的成就，
以及到你此生來演出
神的救贖**計劃**裡的角色。

在**神的國度**
沒有目標取向，
只有**如是**、**存在**。
「**如是**」完全不是靜止的。
它是最不可置信的創造、
成長和運動的狀態。

神的宇宙裡沒有一事維持原樣，
我敢說，甚至連
神本身的意識在內。
有個永遠不斷的學習。
那豈不妙哉？

最纖毫的變化，
都像顆小石子
掉進一個平靜的湖，
漣漪無限地擴散。

教師是否必要？

不要忽視
你有的最重要教師，
就是你自己的直覺了解。

教導永遠是個提醒，
把餘燼撩起。
這容許那蟄伏於意識裡的東西
進入活躍的焦點。
教人只能點到爲止。

你們全是管道。
你們全都開放以準備聽自己的心聲，
否則你們不會在此。
從你們自己人類經驗的
深井裡，
你提上愛、知識、智慧的
清涼澄澈的水，
來送給人類社會的其他人。
你是天堂裡的一個光，
按照你在眞理內的程度，
你就發出那個程度的
愛、**光明**和**神**之光。

但要記住，
當一個教師不要學習，
他就不再教導。
這樣一個人變得呆板頑固，
也許是個路標，
但非一位教師。

教師即學生，
學生即教師，
這觀念並不新。
每一代的智者都說過
「教學相長」這話。
但教師必須保持是個學生，
如果教師要想長進的話。

每個宗教在其根本
都是為神所感召，
然後被理性逮住
而加以限制、扭曲，許多時候
幾乎被毀滅了。

我並非反對宗教。
我只對教條的使用質疑。
相信每個人內在的**神**

才是終極的宗教。
你走哪條路到那兒
並沒關係。

宗教應受尊敬
因那把它們帶入存在的
光的爆炸。
然而，一個宗教，必不可被崇拜，
因爲它具有比每個人
在他自己內所保有的
更多力量。
雖然一項宗教信條
可能已傳了世世代代，
也許就因它已被傳了世世代代，
而拒絕成長和屈從
人類在成長中的意識。
我們需要對它質疑，
永遠用你的心作最後的裁判。

那存在於人心內的**神**
仍是活生生而健康的。
那些擁護、信奉一個
繞過人類經驗價值的
宗教之路的人們，

害怕在人性裡沒有**神**。
他們對**神**的看法
不包含你們那些尋找內在之**神**的人，
所能體驗的
那種溫暖、
慈悲和活力。
把你們的愛和慈悲給
那些否認他們人性的人，
他們的是條痛苦的路。

自我犧牲是否有靈性上的必要？

如果你是個充滿
清澈美麗之水
的水壺，
你將非常願意給那些
經過你生命的人倒水。
但如果你是個空空的水壺，
你能給人什麼，
除了一個根本不是給予的
精緻仿冒的給予？
你那時所給的將有附帶條件，
因爲你自己的需要還未滿足。

高貴的目的必須有
高貴的自己作其後盾。
對自我犧牲的讚美已超溢其價值。
沒有人必須爲別人犧牲。
此處有個非常微妙的幻相。
當「犧牲」是痛苦的時候，
很可能你根本就是不願意付出。
當你飽滿時
你給予的，
那是喜悅，那是愛。

靜坐冥思是條道路
會助你釋放
在你內深藏的
自愛的寶藏。

有時候，這也會惹麻煩，
因爲你被迫
看到你的不完美。
這些是過渡的狀態。
它們是那些生命力已被
石化了的地方。
當這力量被解放自由了，
它將甜蜜地、極樂地流出。

傾聽你的內我，
它比你的意識心要聰明。

幾乎任何一件事，都可當作冥想：
音樂、安靜的散步、一頓美食，
火光、燭光、
握著你愛的人的手，
不論是什麼能引起
你專注於你存在的喜悅、
而不去管你理性鼓噪的事。

你們有的人有變成
太執著於形式的傾向。
有多少人走在這地球上
就有多少種不同的冥想方法。
每個人都需要
以他們所能的不論任何方式進入
他們自己內在的靜默裡，
他們自己內在的眞理裡。
這內在的覺照是你與生俱來的權利。
它是通向你存在的精髓
和你靈性的智慧
之鑰。
在你的冥想練習裡，

把那安靜的時光
看作一扇打開的門。
透過那門
你走進一個更大的光，
進入對自己和實相的
一個更廣的感受裡。
定義
只是爲澄清
而非局限。
切記切記。

在冥想裡，
當一個人來到了擴展的門檻時，
有那麼個時候，理性心智
不再能跟隨。
你若感覺你多少必須
透過理性來保持你的控制，
你就對這擴展想走去的地方
加上了一個限制。

當你終於超越了
理性心智，
你將觸及你的靈魂心智。
靈魂心智能給在冥想裡擴展的意識

其形象和實質、
意識和關係。

讓你的祈禱成為一個進行中的更新。

你祈禱
經由觸及你最深的部分：
它渴望、它需要、它**如如不動**。
讓它以它自己
常常是無字的語言
說話吧。

渴望的本身
就是生命的祈禱，
「**上主**，我想再與你在一起，
我想回家。」

沒有「如何」祈禱。
它就是如是。
它是**合**一的一部分。
它是你的一部分回了**家**。
你喜歡怎麼做
就怎麼做吧。

祈禱是爲你保證
你和**家**的連繫。
很像當你還是孩子時，
離家了一整天，
有那恐慌的一剎那——
我確信你記得的——
你必須打電話回家，
只爲要確定
它們在那兒。
祈禱就是像那樣——
打電話回**家**。

所有各層面的了解和教誨
在你們的世界上都可得。
它就在你自己
能聽到的地方，
你感覺有吸引力的地方。
當那吸引力變得沒那麼強時，
你就尋找另一種方式的教誨。

所有眞正的靈性教師
在任何國家，以任何一種信仰
都有助於達成這偉大的目的，
指引人類意識

單獨地和集體地
找到內在的**神**。

讓你的心對**神聖的**指引開放，
不像河上之葉那樣地消極，
卻像河上的一個導航者。
他可以順隨水流的可愛深度
和急湍而漂流，
卻也要對他自己的行船技巧
負責。

在你能觸及
那擴張了的直觀覺性之前，
你必須先經過你的心、
你的愛、你的自覺。
不然，
在尋找直覺的當兒
你會有失去你的心的危險。
如果你擔負起並發展
這些力量，
卻繞過了愛，
那你又有什麼呢？

如果你有你自己的心，

你還能失去什麼？
如果你沒有，
你又能贏得什麼？

要多久才能開悟？

生命中所有的東西，
都把覺性的擴展
作為致力的目標。
一個人絕不會丟棄他的一部分。
一個人只是把它轉化成**光**，
直到他整個的存在就是**光**。

這是個極緩慢的過程。
你也許覺得好像
你與一個月前
站在同一個地點，
你不是的。
你多了一個月的
人生經驗，因此
你比以往任何時候
更有覺知。

我這樣說是抹去沮喪氣餒，

我這樣說不是要抹殺努力。
越有意識地去努力
成長得越快。

5 靈界

將你想感知「光之靈」的
最深渴望
注入你的心。
將任何關於如何感知我們的
期待，擱在一旁。

你們完全不知道
期待能給人多少限制。
就在這一刻，允許你們自己
去接觸靈的世界。
所需的只是你的許可。

我們在這兒
藉渴望進來。
你的心智不知其路
你的心已然去過。
而你的靈魂從未離開它。
歡迎回家。

我在這兒嗎？
是的，我在這兒。
伸出你的手，
它就會被觸及。

如果你說：「那是我的想像。」
就算是吧。
那麼我是你們想像力的虛構之物，
而你也一樣。
你的世界也一樣。
你的渴望也一樣。
你的愛也一樣。
你怎能那樣對你自己？
你怎能活在這樣的痛苦裡？

是的，我是在這兒。
你也一樣，永生永世。

我們存在嗎？
是的，我們的確存在，
有**神**存在嗎？
有的。
你害怕了嗎？
是的。你迷惑了嗎？
當然。你是不完美的嗎？
絕對的。完美地不完美，
而那是無妨的。
全是那**計劃**的一部分。
全是**上主的愛**的示現。
在這兒，在那兒，無所不在。

我如何向鎖在他們理性心智裡的友人，甚至對我自己的理性心智解釋你的存在？

我知道我代表了一個難題，
而我眞誠地道歉。
我也不免微笑，
如果你不責怪我的話。

爲何這麼難解釋我的存在？
豈非因爲你
對你自己的渴望、
你自己正在生長和開花的信仰
仍有一點害羞？
是不是眞的，
在有禮貌的社會裡，
說「**神**」這個字
仍然令人不舒服？

我並不比你們更是或更不是
一個神奇的生靈。
我是靈，你們也是靈
我有一個身體，你們也有。
因爲我意識的改變，
我的身體有些微的改變。

你們和我都是在同一條路上。
我們在尋求**眞理**，而我們的靈魂
渴望回到與**神**的**合一**。
我們全都在我們自己的領域裡成長。
就是如此。

在你們的實相和我的之間
並沒多大的距離。
你們有個信念，
即在肉身裡的你們
是這宇宙裡唯一堅實的存在。
這顯然並不對。
我們全都有我們的物質實相。
我的也許不如你們的上相，
但它確然存在！

就在這一刻
就有跟人類一樣多的
靈，捲入於人類的過程裡。

有許多橋梁正在建立。
許多門正在打開。
透過它，統一的光
正由**更亮的光**的世界流洩出來，

進入你們**在變成光**的世界。

有許多各種不同強度的**光**的生靈，
具體的，不錯，非具體的，當然，
全都開始擾動，想完成
他們自己的**自性**。
上主創世的奇蹟顯而易見，
當我注視這些具有愛和意識的疾飛之光
織出織入，
生生世世，
接觸又離去，
愛過又失望，
永遠在學。
這是個如此壯觀神奇的織錦毯，
我沒辦法形容給你們聽。

別絕望。
不論它看來像是怎樣，
事實上
從沒有一剎那，
上主不是完全地覺知
你們人類覺性的每個細微明滅。
只是你們自己的自我遺忘的影子
造成了黑暗的顯現。

你們的世界需要我們的世界，
而我們的世界，我親愛的，需要你們的
世界。
我們必須攜手合作。
當我們越來越常相會，
黃金般可貴的覺知之線
正把我們的實相織在一起。
在將來某個時候
會有那最美的一刻，
當所有的幻相被逐去
而我們並立在統一裡。

而同時，
作爲人類需要很大的信心
不是嗎？

是否每個人都有指導靈？

每個存在的靈魂
至少有一位相伴的靈。

我想對你們再保證。
你們是受指導的。
我們中有一些不再有作爲人的必要，

我們存在於意識的領域裡，
來指導和教誨人們。
把我們當作朋友，
讓我們進入你們的生活。
我們不希望被崇拜，
崇拜只屬於一**尊**，
那就是**上主**。
我們在這兒也講、也聽，
正如你們一樣。
我們有許多個受召來這服務，
享受觸及那些尋找我們之人的喜悅。
我們是人類的渴望
和靈界眞理之間的
橋梁，
這是我們選擇的任務。

我們能把你們導向更深的了解。
我們能保證，你們永遠存在下去，
你們永恆地被愛與被照應。
我們只能做到這個，
除此，你們必須自己一步一步地走。

你們是來這兒過你們生活的。
我的目的是，透過我的愛，

把**光**照在這一帶，
以引導你朝向你自己內心的**光**。

誰是我們的指導靈？我們如何與它們接觸？

你們的指導靈是
在「寬恕的層面」上的靈。
它們終於寬恕了它們自己。
它們現在有意在你們的「自恕」上
幫助你們，
並且助你們找到
你們每一個人裡面的
眞主。

你們怎能找到它們？
透過冥想、透過祈禱、
透過開放你們的心，
使它有接受這種指導的價值，
而願意
聽見那你沒預期會聽見的，
或許，你不想要聽到的。

要開放來接受我們。你明白，

這過程很慢。
在你我實相之間，這虛幻的牆，
在你們那方看來彷彿很堅實。
在我眼中，根本不存在。

既然你們當它是真的，
它就變成了真的。

開始讓這分隔我們世界的
創作逐漸消失。
要願意偶爾在上面鑿些洞，
讓**光**透過來。

要求那教誨
必是你的責任。
利用那教誨
必是你的責任。
我們身為靈不能透過抗拒的門
向你叫囂。
在睡夢中，
在冥想和靈感中，
我們向你悄語，
直到你準備好
願意向一個更清晰的溝通開放。

你接收這些通訊
不僅用聽覺，
也用你的心。
門是開著的。
教師也已準備好了。

我們能否信任我們收到的指導？

你們必須考驗它，你們必須查核它。
你們必須聽清楚說的是什麼，
最終是讓你的心
和你自己內在的智慧、
你自己的直覺，作爲最後的權威。
不接受任何你聽來不對的東西。
這份責任絕不能推諉。
記住，你們是**神**，我親愛的。
信賴你們的那部分。

當有極大的需要時，
有六翼天使
偶爾觸及地球。
這種生靈不用活一輩子。
他會突然地出現，

而後就不知所終。
你們會彼此說：
「你記得那個了不起的人嗎？」
「他豈不是很特殊？」
「奇怪，不知道他叫什麼？」
「奇怪，不知道他住在哪裡？」

不是指導靈的靈魂，能否通訊？

當然。
愛的聯繫永不會破裂。

愛的金鍊是永恆的，
當你有真正的需要時，
無論那靈魂在何處，它都會被召來。
甚至即使它已轉生，
那靈魂也會來。
這是你們該知道的重要的事。
在宇宙裡，有愛、
慈悲和平衡。

關於黑暗的力量：

一個人不是被黑暗侵襲。

一個人追求過那黑暗。
這是該向主人說，而非儆戒客人的事。
為那些開始尋找的靈魂，所準備的
是同情，而非懲罰。
你不會走進一家幼稚園，
公開指責那些孩子為失落的靈魂，
只因為他們不會讀和寫。

那黑暗必須被視為
一個去愛的機會，
而非一個威脅。

你們完全不知
在你們和我們的世界之間
多常有交流，
那是經常的事。
分開我們世界的薄幕
是習得的幻相。

當你進入子宮，
你開始對一個有限的實相適應。
在出生的那一剎那，
你不是即刻地關閉在身體裡，
而只是有一種覺知：

你已開始了一個旅程，
而它是重要的，有許多事要學。
你整個的意識
不能「切合」在那小身體裡。
你聽見某處一個嬰兒在哭，而你明白
那就是你。
需要許多個月，或甚至許多年，來完成
與那個「你」的認同。

6 二元性：邪惡、黑暗、痛苦

你們就像在一個點了燈的屋子裡的兒童，
他們閉上了眼睛，
卻說
他們害怕黑暗。

所有的黑暗
是一種對光明的干擾。

邪惡是什麼，除了是善忘之外？

你們需要明白

黑暗的本質。
它是有限的。

你們有些人也許感到奇怪，
爲何我永遠在允諾好的事。
爲何我不談黑暗。
那只因由我的觀點，
黑暗並不存在。

我看你們每一個都是**光之生靈**，
努力想穿過
自己誤解的迷宮。
你們正在學習。你們正在學習。你們正在學習。
你們正在發現自己是誰。
你們正在改變
帶你們進入物質世界的
信念：
對黑暗的信念，
對恐懼力量的信念，
相信憤怒有力量，
抗拒愛的信念。

所有這些事都是在這兒爲了讓你們學習，
但卻是你們帶了來的。

在你們對這種事的信念裡，
你們創造了它們。
你們創造它們不是爲打敗自己，
卻是爲了學習。
當然在你們所有的人裡面
彷彿是有黑暗，
不過卻非你們相信的那樣。
它只是你們的錯誤幻相
所投射出的陰影，
把你自**光明**切斷。

我願繼續
以**光明**和**愛**的語言教你們，
因爲這是我唯一知道的語言。

存在於人類世界的一切
沒有一樣不是如神的。

這是**神**的世界
上主的愛的**一元性**。
圍繞著你們地球的扭曲和二元性。
有一個沒有分裂的實相
擁抱著你們的二元性世界。
那是眞正地

被**愛**、**光明**及**眞理**
所轄治。

邪惡只是
對**神的意志**和**神的律法**
的無知。
沒有人會抗拒**神的意志**，
如果他們覺知，
它包含了他們自己的喜悅、
幸福和永恆的快樂。

雖然那負面的能量
看起來好像沒有與**神**的自然**律**同流，
它們的確是在你們的物質世界
來做**神的工作**。
若非它們提供給你們
一個在黑暗與**光明**之間的選擇，
你們的成長過程就會受到許多阻礙。
因此，你們要明白，
它們是個必須的成分。
這些能量不是主人，而是
神的意志的
僕人，
雖然它們會死不認帳。

雖然人類的二元性可能看來
如此的反覆無常，
宇宙性的智慧，
永遠圍繞並保護你。
那包圍著你的**神恩**狀態
是一個有愛心的、永恆的**光**，
它將成長的過程包容在內。

負面性在其內
即含有自我毀滅的種子。

你照你的信念去體驗。
你生存在其中的那個世界，
正面與負面一樣，
都是你認為真實東西的產物。

關於你們國家的這特定區域，
你們進化過程的這特定時間，
在這一刻的情況，
你們每個人之內都有
對它有過貢獻的要點。

你們二元性的世界
非常喜好二分法。

它是你們有時從事的
人生遊戲的一部分，
你們喜歡使一方與另一方
敵對，
以找到一個宇宙的眞理。
也許，這二元性
能達到最終的統合目的。
但只在當你們明白
那才是你們的意向的時候。
那些偉大的思想家們，
世代以來就樂意把眞理分開
來加以解析。然後你們就忘了
眞理取自的整體，
那就造成了痛苦和惶惑。

只要有追求**光明**的人，
也就有那些人，
黑暗似乎總跟著他們
如影隨形。
當那意象能夠被改過來，
以使他們看出，陰影只是
他們自己擋住了**光**，
那麼，當一個人用夠了他的肉身
而離開它時，

就不再有恐懼、幻相，
只有歡欣。

你們地球的二元性
有一個**神聖的**目的。

你們都曾參與以那形式創造了它，
因爲那就是現在你們
個人實相之所在。
雖然你們可能住在其中，
但你們並沒被陷在裡面，
它不是你們的監牢，
而是你們的學校。
你們正利用二元性來助你們找到統一，
而非失落於二元性裡。

事實上，並沒有直接的對立，
它們只看來彷彿如此，
一個人還是在講**聖律**，
只是由一個不同的了解範圍去看罷了。

我覺得很難接受
食物鏈裡
較低階層的痛苦。

沉溺於思索他們命運的那些人，
他們的掙扎就在此。
可是在那些較小的動物
的意識裡，
沒有過去，也沒有未來，
沒有應該或不應該。
只簡單地存在。
這種批判的免除
容許對環境的全盤接受。

但跌出了窩的幼雛……
什麼能幫助那隻鳥呢？

愛。

而如果一隻貓過來，
吃了那隻鳥……
那什麼能幫助那隻鳥呢？

愛。不只是對那隻鳥，

也是對那隻貓的愛。

當你明白在所謂的掠食者、
殘忍、憤怒、無情等等的名稱裡，
你們只不過見到一個反影。
在兩個意識
來到一處，以成全一個相互的合同
的動作裡，
當你能看見，在那動作之後的
愛、平衡、理由和目的，
那使得你畏縮的幻相
將不再困擾你。
當你接受——非盲目地、非無情地，
卻是以一種愈來愈深的覺醒——
那些人類存在所涉及的情狀，
你將愈來愈反映你自己的**光明**。
會有那麼一天
不論在人類社會裡
發生了什麼事，
你將當它是
光明的烈焰，
你就自由了。

是否可能，那鳥跌出牠的巢作為給那貓的一個禮物呢？

而也是給牠自身的禮物。
上主，在**祂的意識**裡，
我敢說，
會把那墜落
和那鳥終極的讓位，
看作一次喜悅的重聚，
看作**光明**回了**家**。

假設你攀登上最高的山
俯瞰你們的世界，
你們會看到
光明比黑暗多得多，
愛比恨多得多，
仁慈比暴力多得多。
只不過這些負面的區域
更爲喧囂而已。
它們在求援，
它們像幼小的孩子一樣，
迷失又復恐懼。
不知道還能做些什麼，
只會大吵大鬧地攻擊。

爲他們祈禱，
爲他們所有的人祈禱，
而不要恐懼。

我們在這個層面
能否體驗狂喜
而無相應的沮喪呢？

只有當你們能把
沮喪與狂喜視爲一體時。

在對痛苦的體驗裡
需要一個最初的「信心之一躍」，
才看得到另一個實相。
痛苦和黑暗是
極端地有迫使力。

你們有會痛的、有時會尖叫的
實質肉身，
你們有彷彿會撕裂你們的情感。
在那種重壓的時候，我促請你們
問問自己是誰在體驗這些。
而那個覺知這經驗，
沒有失落其中，卻覺知的「誰」，

將是**光明**的使者。

在你們對宇宙的觀念裡，
要覺知那容得下個別混亂的
穩定性。

把暴力變回
它眞正本是的
美麗**光明**力量的方法，
是不將暴力看作
它表現出來的樣子，卻看作
它終將變爲的力量。
這是個極精美的任務。
此地給你們所有人一個提要：
在即使最卑劣的事裡，也看到
那被扭曲了的**神聖**品質。

在尚未被扭曲成為邪惡的攻擊性之前，
暴力在其**神聖**的狀況裡會是什麼模樣？
它是
對**光明**的深切信念，
站出來說話並作證
的力量。

暴力是一種形式的見證，
卻是對扭曲
而非對眞理的見證。
在暴力裡有勇氣。
隨時記住這一點。
它是站出於
「應當」和「不應當」之外。
它是說：「我存在而必須被看見。」
在靈性的教誨意義下聽它，
你們就將找到方法
可以把在你們內的
暴力轉化。
也就是把在世界裡的
暴力轉化。

謀殺、暴力、殘忍、
惡毒、邪惡——是的，這些全存在，
就好像幼稚園存在
於一年級之前。
你們這些人由更高一層（不是更好，
但的確是更聰明的），以極痛苦的心情
看
那創造出這痛苦的痛苦，
對你們而言，

暴力是很痛苦的。

不要害怕恐怖的事。
不要以暴制暴。
不要對痛苦感覺痛苦。
若這樣做，你們使得
你們原想避免的
永遠常存。
當你們對這種事下判斷時，
你們是把**神**的實相限制在
你們人類的了解之內。

從你們坐的地方看，有對有錯
而從我坐的地方看，只有真理。
你們人世中的許多人
可能會很有興味知道，
當謀殺者進入另一個人生
來爲他的暴行贖罪時，
會受何種刑罰。
你卻不能評判那事。
你只能祝福和祈禱，
開放並信賴。

如果我們最後全都
再度變成一個靈魂，
那麼我是否必須和希特勒一同
變成全體的一部分？

我親愛的，當你和希特勒
準備好要變成一個時，
所有的仇恨
將已被變成
光明和**眞理**。

你們的世界是個
扭曲了光明的地方。

但**光明**必然在那兒，
不然你們根本不會有個世界。

7 面對不完美、恐懼、疑惑、其他絆腳石

現在的你們是完美的不完美。

你們較未進化的地方有其存在的權利。
它們悄悄講著過去的事。
它們悄悄講著困惑、不圓滿，
及靈魂與上主隔離的痛苦，
及對那再次合一的渴望。

要悟到在這地球上
只能有相對的完美。

也要悟到你不需要成爲完美
才被愛。在你們的不完美中
溫柔而完全地，
彼此相愛。對你們自己要溫和。
在這物質層面要求完美
可以是你們最糟的敵人。

堅持完美排除了成長的可能性。
接受不完美爲你們人性的一部分，
就是在成長。
如果你能愛你認爲不完美的
你的那個部分，
那麼轉化的行動才能開始。
當你審判它，而把它由你心中扔出來，
它變成硬化的甲殼擋住了**光明**。

如果你否認你的本性，
你變得深深地執著於那否定。
當你接受你的本來面目，
那你就被釋放了。
一個人非由拒斥而釋放。
一個人由愛而釋放。

奮力追求**光明**是個美麗的召喚，

但直到你承認了那黑暗，
否則你無法找到**光明**。
在渴望完美裡奮鬥的靈魂，
它們與完美的距離
並不比任何人更近。
現在的你，是作爲將來的你
的一個必要步驟，
就是這樣
直到永遠。

對你們的不完美，
要覺安然但不自滿自得。

誰要求完美？
只有你們這些困鎖在人身裡的靈魂
不知怎地相信完美是必要條件。
並非如此。必要的是誠懇，
一顆開放的心。
那才是所要求的完美——
完美的渴望。

宇宙的完美
是包圍著
你們人類世界的不完美的

一個實相。

試著去了解你們的負面情感，
好像一個慈愛的母親會了解
一個困惑、害怕的孩子。

當對「你內心的**神**」的否認
受到了挑戰，
那是你一生裡最吉利的時刻。
不要否定你在黑暗裡的那部分，
不然它將再彰顯。

當你覺察到錯誤的判斷，
或時機不對、居心不良的想法和行動時，
當你認出你想復仇的欲望，
你的憤怒或不肯原諒時，
那該是自我祝賀的時候。
你的新洞見容許你
以遠爲有意識的方式
處理這些事情。
這是個機會。
一扇門已被打開。
一盞燈已被點亮。

有了覺知，就是你送給自己一個禮物，
即向成長和改變開放。
別爲在黑暗裡你看不見
而責難自己。

當你找到在你內的**光明**，
你將明白你一逕是
在智慧的中心。

當你更深地探究你到底是誰，
連同你的光明和你的困擾，
連同你的憤怒、渴望和扭曲，
你將找到眞正活生生的**上主**。
於是你會說：
「我認識了你一輩子，
我曾以許多不同的名字稱呼你，
我曾稱你母親、父親和孩子。
我曾稱你愛人。
我曾稱你太陽和花朵。
我曾稱你我的心。
但直到這一刻，我從未
稱你為我自己。」

我怎能原諒我自己？

你怎能不原諒你自己
就照你現在這樣子？

要找到在你內的**上主**，
你必須經過自我接受的大門，
接受現在的我。
是的，所有你的錯誤和不完美，
所有你小小的祕密、你害怕的醜陋、
那些你不願對自己承認的，
早已被洞悉。
它們是**神聖計劃**的一部分。
真正的接受是說：「沒關係，
沒關係，沒關係。」

自我接受
就不再需要自我原諒。

我如何面對一些令我感到慚愧或抱歉的事？

以誠實的悔恨。

誠實的悔恨由心中湧出
迅速地洗淨。

對一件行為負責是可賀的。
負責和罪惡感是兩件不同的事。
罪惡感是負面的，不完美的。
負責是成熟的，將你
帶出森林而進入**光明**。

感覺你的不完美
該爲別人的痛苦負責，
你即以罪惡感覆蓋了你的世界。

最具毀滅性、最無用、
最呆滯的能量，就是罪惡感。
它毫無意義，只令所有的事黏滯不動。
有種盲目、窒息、
孤獨的感覺。世界昏暗不透明
似乎無處可逃。

對在你內的**上主之光**
及與**上主**合一的渴望
的否定，
引發了很眞實的罪惡感。

那是對靈魂的自我背叛。

不只是在**主**內沒有懲罰，
在宇宙內也沒有懲罰。
你們親愛的人類彷彿覺得，
在**上主**逮到你之前
最好予以自懲。

我如何克服驕傲？

你不用克服它。
驕傲不是你的敵人。
它只是你幻覺的一部分。

那些感覺驕傲的
已然感受了羞辱的打擊。
接受你的驕傲，當作是個孩子的需要，
進入其後的痛苦裡，
那痛苦建立起驕傲的牆。
你將找到
一個最美綻放的意識，
它爲了要活命
穿上了驕傲的胄甲。

特殊性是把你和人分離的東西。

獨特性是某種東西，
它令你與你的人類夥伴相混合，
但卻容許你貢獻別人所不能的
貢獻。
經歷這人類經驗的層層剝啓
而你將愛上你自己。

虛榮是和自己
建立一個適意聯繫的需要，
對它要有耐心及溫和。

一旦你學會敬佩你自己，
那，的確，是絕對值得的，
然後你將更深入，
因爲至少你已找到
安全感的護殼。

讓我提醒你，在那虛榮之下
可能有個陷阱，
這你非常清楚。
我把它指出來
使你能不爲所陷。

一旦你在表面上愛了你自己
而因此感覺虛榮，
於是就產生了嚙心的疑惑，
也許人們從未看清你本來的面目，
而只看到
你學會表現在外的
假面具。

一旦你發現你的虛榮已變成一個陷阱，
你將開始放它走，
因它已不再對你有用。
但永不要懷疑它的價值，
它只是你所眞正尋求的東西
的一個錯誤展示。
但是
如果你站定向四周看看，
在你的世界裡，
每件事豈非都是如此？

請談談憤怒。它是這樣的一個靈性消沉劑有些什麼實際的法子來對付它？

其一是，不再叫它為靈性消沈劑。
你能自發地感受任何事
這件事本身，
就是個歡欣和可讚歎的禮物。
你知不知道有多少人相信
為保持控制，
他們必須以理性過濾情緒，
即使是最強烈的情緒？
那是個最痛苦的情況。

慶祝你的自發性。
它不是個靈性消沉劑，
卻是個徵兆，
如果你能爆發怒氣，
你的心也便能開放，
而**上主**能對你說話。

憤怒
是個具保護作用的設計。

體驗你的憤怒對你而言
已足夠了。
不再需要對它做什麼。

在憤怒之下
永遠有恐懼
在恐懼之下
永遠有渴望

恐懼
是業報的
主要基石之一，
它說出
對永恆之愛的不信任。

它是對你自己的
不信任。
它是對眞理、光明
和愛的
一個極端的顚倒變態，
而那正是你們世界的
所爲何來——
療癒對眞理、光明
和愛的

極端扭曲。

恐懼是一種蕈類
在意識的黑暗地帶快速繁衍，
它是最有力的門，
將**聖言**和**上主的光明**
關在外面。

恐懼
是在門口的惡龍，
它是對**光明**的否認。
而對**光明**的否認
即是對**上主**的抗拒。
它是謊言，
將你們和**上主**分離。

我們真正害怕的是什麼？

你們怕受辱。

你們怕犯錯。

你們怕
你們的所知將融化，

如果你把它帶入了人類經驗。

你們怕信任眞理。

你們怕在一個不完美的世界裡施愛。

透過祈禱，透過冥想，
透過清晰的思考，
你們能紓解恐懼。
試著去接受
你們的無知和彆扭，
好像父母接受孩子的
無理取鬧。
了解這個黑暗說的是什麼。
藉著接納那錯誤的思考過程到
你自己的存在裡，
你帶它到你的屋簷下
而能把它轉變爲**光明**。

以聰明的耳
傾聽你的恐懼。
在人生裡你恐懼什麼？
在你自己內你恐懼什麼？
你必須向恐懼挑戰，

問它，它想說的是什麼？

當你眼睛張開，心扉打開地
走進恐懼裡，
勇氣自由地流出，
你將明白
恐懼只是個空房間。
恐懼的強度只與你對它的逃避一樣強。
你越不願看見恐懼，
去接受它、擁抱它，
你就容許它有越多的力量。

恐懼是那未知。
它就那想像，
它並非現實。

在宇宙裡沒有什麼可怕的。
甚至死亡，
是在你們發現的這特定尺度裡
一個基本的眞實和一個必要
在其中沒有可怕的東西。

讓你自己
安憩於

上主永恆不滅的**臨在**
的實相裡，而明白
有比任何存在於你們地球上
更深的計劃、
更聰明的意識、
更遠爲強有力的愛心。
我心懷
對你們永恆的、安全的
覺知
祝福你們。

並非
毀掉恐懼
這回事，
而是知道它的本質，
看清它的力量
比愛的力量差得多。

恐懼是個詭計、是個詐欺、
是種戲法、
是個幻覺。
在你們的世界，
大魔術師正耍得起勁。
你們應要求看看袖子裡邊、

頸子後面
和桌子底下。
使魔術師的身分曝光。
恐懼的魔術師是個騙子。

恐懼
只是望向鏡子裡
對你自己
做鬼臉。

對未知的恐懼
是因爲健忘。
對靈魂沒有什麼事是
「未知」。
有種自然的恐懼
和抗拒，
當一個人記不起
他自己的**神性**。

你們是安全的，你們是安全的，
你們是無限安全的。
哦，我親愛的，
只要我能使你們能夠
體驗宇宙充滿愛心的、溫和的仁慈，

其平衡、其公正、
其甜蜜和喜悅，
在你們整個的人生
就不再會有一刻的恐懼。
這是真的。

伊甸園裡的
蛇，
並非性，
而是懷疑。

你們是否懷疑
你們在這兒，
是在這物質實相裡運作的
一個靈性存在？
你們當然懷疑。
讓我向你們保證，
這懷疑是個很平常的誤解。

因爲肉體的限制，
你們太常有
一種無價值、
受限制、
有時或是無望和徒勞無益

的感覺。
然而在你們物質界的
結構裡
可以達到偉大的進步。
這就是轉世投胎的目的。

只要有一個物質的身體，
你們總是帶著懷疑。
不要輕蔑你們的疑惑。
那即是人類的條件。
當不再有懷疑，
你們也不再需要成爲人類了。

要明白你們的每一步
都無誤地被引導，而踩在
一條向你最終目的行進
的完美道路上。
你們或以爲是一條岔路的
根本並非岔路，
卻是所有可能的路中最好的。
唯有藉著走入懷疑的洞穴裡，
你們才找到眞理和**光明**。

在靈魂進化的擴展裡跨一大步的時候，

有片刻會有強烈的不安全感。
讓我給你們一個比喻，
當你把腳由梯子的一級拿開
以放在下一級上，
有那麼短短的一瞬，
你的腳踩在空無裡。
如果你集中你所有的注意力，
並把你所有的實相全與
那懸空的腳掌心認同，
那麼你真的會處於一種恐怖之境。
你看不見
握著梯邊的雙手，
或穩穩站到下一級上
的另一隻腳。

可否請你談談，如何擺脫執著？

那得看你感覺執著的是什麼。
如果它不致限制你，
執著並沒有錯。
執著，其負面意義
是把你自己
與實質上物質化的實相

結盟，而說：
「這是我覺得安全的地方！
這是我有力量的地方，
這是我要留下來的地方。」

但實質的東西可能是很美的。
而在美裡面有喜悅。
並非那物質的物件本身是喜悅，
而是你對它的欣賞。
而不論什麼教給你喜悅和樂趣的東西
都有其價值。

如果「超然」是現在流行的心態，
那麼合一將由你們實質的教室裡
被消除。
那如何能學到**合**一呢？
對那類事一個人需要多練習。
你又如何開始去了解
當你自己逃避
或干擾
你正想要學習的
那**合一之境**？
沒有那彼此的伸手、
那渴望、

那對彼此的需要，
就不會有人類社會。

我們這些在靈體裡的生靈
最喜愛的一個夢，
就是有那麼一刻，
當所有的靈魂、所有的心、所有的手，
都伸出而觸及彼此，
那時就不再有超然，
只有一個榮耀的**光明**。

只加上一個鼓勵的附註，
這正開始要發生了。

我們如何能經驗痛苦的境遇而不因此變得怨苦？

藉著把它們看作是教訓
而非報應。

我的朋友，信任生命。
不論生命似把你帶得多麼遠，

這旅程是必要的。

你們來是爲
走過一個經驗的廣大地帶，
以便證實在那地帶裡
眞理是在何方，
而你的曲解又在何方。
然後你便可回到你的本家，
你的靈魂本身，
神清氣爽而更加睿智。

不論在人生裡可能發現什麼
附帶目的，
那獨一無二的意圖永遠是
靈魂變得與**自己**和**上主**一體
的過程。

感到安慰吧，
在**光明**和信任中度日，
因爲沒有一樣發生在你身上的事
不是本應如此的。
在你一生中發生的事，
沒有一件能在任何方面
威脅到你的靈魂。

的確，所有的人生經驗
加強了它的覺性。
沒有一事不是
對你靈魂的成長過程有益的。

除非你有一個基本的信賴，
否則你總是會有那種感覺，
好像有些事沒做完，
有些事正在一旁等著，
在你感到歡欣成就的那一刻
衝出來大叫：
「啊哈！你忘了這一個。
你其實並不完美。」
而天使將塌了下來。

8 生命的盛宴——創造、歡欣、豐富、完成

喜悅是你內在的神
站立起來，
伸伸懶腰
而展開笑靨。

在你們的喜悅裡，
你們正在慶祝上主。
你們正在慶祝生命的盛宴。

不可以

拿人生不止是愉悅
爲理由，而加以抹黑。
人生當然有更多，
有無窮的更多。
一個人永不會結束
尋找、服務、施愛的
成長過程，
物質世界的歡愉
也是靈性世界的歡愉。
全是一個。
你們人類的喜悅不會引你遠離
你對**上主**的愛。
愛就是愛。
如果你不能忍受人類的至樂，
你又如何消受得了
永恆**合一**的
至樂？

如果你檢查一下一塊岩石的
意識，
你在那兒將找到大量的愉悅。
你將找到
一種令人安慰的**合**一感，
一種作爲岩石的欣悅。

在它的存在之流裡，
一塊岩石處於一種狂喜的狀態。
狂喜不能
以從一到十的評價來丈量。
它就是狂喜。

你們為何全都對喜悅與柔和如此多疑？
這不也是**上主**的世界嗎？
喜悅是生命的自然成分。
你們人類傾向於匆忙和緊張，
因而否定自己
品嘗生命的
極精美愉悅。
以這種方式，忽略了大量的喜悅
和甜蜜。
如果小心留意地過生活，
它能給你所渴望的營養
和富足。
一日數次
容許你自己更新
對生命和自己的
承諾。

你覺得因為你渴望人生的

溫暖和柔軟，
而這不知怎地就會誘使你懶散？
一定要永遠有個嚴酷的外在世界
來提醒你**上主**的存在嗎？
如果你在找到美時不能予以信任
又如何能開放你的心
與**上主**——
永恆的美——
合一？

對每個靈魂的內心渴望而言，
把永恆的**意識**視為
一個溫和的笑靨
而非一個嚴肅的沉思，
豈不是更合適嗎？

只當你不再與永存的喜悅相連時，
生命才是沉重的。
一大堆的莊嚴有什麼用處。
你們需要笑。
你們需要遊戲，以每個人自己的方式。

孩童似的特質
其自發性和喜悅，

即**如神的**特質。
即使是其愚蠢和其嬉鬧、
其舞蹈、其愛、
其臣服、其放縱、
其輕快，全是成長的、
悸動的人類一部分，
都是給你們世界的祝福。

上主並未設計痛苦和磨難。
抗拒設計了痛苦和磨難。
上主的意志是
以和平、喜悅、健康和富足，
以及這是個暫時中途站的體認
來光照世界。

喜悅是學習。
喜悅是無痛苦地體驗。

你一旦接受無疑，
你永遠存在爲一個有意識的生靈，
而我們存在於靈體，而**神**也存在。
那時你們生活的外在環境
將輕鬆了不少，
你們不再創造或招致

任何的黑暗或扭曲。
這並不指在你們地理性的地球上
會有個叫「伊甸園」的地區，
卻意指你們將會覺察
事情的眞正意義。

只要你們一日居住於實質肉身之內，
你們即將服從物質世界。
然而那經驗將全然不同。
不再有痛苦。
這不是妥協。這不是說：
「那麼，好吧，我了解我是永恆的，
因此這悲痛沒有什麼關係。」
不。不。
不論在字面上、實際上，或概念上，
你將不會經驗悲痛。
這不是合理化。
那是個陷阱。
這是全然納入於眞理內。

因為你透過過去人類教誨的望遠鏡
看見痛苦和喜悅，
你發現很難相信你能存在於
一種喜悅之境，在那兒痛苦能被融入

喜悅的實相，而並未被否定。
喜悅只簡單地改變了痛苦的存在。

你們需要了解
在「觀想」行為裡
所含的偉大力量。

「憧憬」是靈性實相，而所有
在你們世界裡存在的東西，
首先以靈體存在。
先有觀念，然後實質——
那較濃密的物質，才跟著來。
你們一旦向你們的成見挑戰，
它們便成爲謬見。
你們覺性的半徑便擴大了。
例如，一面牆不再是一面牆，
卻是一個移動的、搏動的意識。

任何能被觀想的東西
都能被帶入你們的物質實相。

不論何時當你感覺
你沒有選擇，
我勸你立刻停下所有的事。

這是一個你對自己玩的把戲，
以避免擔負起
責任以及因之而來的
生命之喜悅。

反之，觀想一下你眞正要的是什麼。
試試它。我的朋友，對這要小心謹愼，
因爲如果你十分隨便地觀想某事
而心懷堅信去做，
雖則你也許不確知你要它，
它將會顯現。
這既非魔術，也非假的希望。
它是你們創造性衝動
的力量所展現的實相。
這就是爲何
對你能力的深度
發展自我覺知
是這麼重要，
以使沒經你選擇過的創造
都不會在你的生命裡出現。

你自己設計了你的人生。
在你的外在實相裡，
你沒有創造任何對你是陌生的東西。

人類表象所無法估量的喜悅，就在
看見你周圍的
那些似爲外在的環境，其實
即是你作爲一個靈魂
所眞正相信的事。

把你肉身的表象當作是個象徵，
而把你的身體當作
你靈魂的一個展延，
你的存在所說出來的話。

你的人生不是你的主人。
它是你的孩子。

你創造的歡欣
不可被局限在
人類的範圍。

例如，意識享有很大的愉悅，
在將它自己的一部分創造成
存在於你們世界裡
其他形式的生靈。
當你由自己的意識裡
創造出一朵美麗的花兒時，

你會體驗怎樣的愉快啊！
創造出一隻皮毛光滑的貓
或一頭巨象，
也是多麼快活啊！
我在這兒並非說夢話，
我在解釋意識
創造它自己以便探索
的方法。
因而在宇宙的意識裡，當
它有以一朵花的形式體驗自己的傾向時，
那麼一朵花就演化了。

既然你們是在人的形式裡，
可以了解你們很難把自己想作
具有超越你們人性的意識，
而仍選擇把自己的一部分創造成
一個「較低的」生靈。因此我得把它擱
在一旁
而讓你的想像力去馳騁。

你可以為自己創造
一個至樂的花園，
如果你想相信它的話。
你也可以爲自己創造

不可忍受的痛苦，
如果你相信
它是必須的話。

這非關理性。
你們沒人想要受苦，
但有代代相傳的
信念系統，
使這些信念不朽。
如果你和家中的長輩談談，
問他們家族裡的迷信和信念，
將是件有趣的事。
你在其中生活的
是什麼樣的結構？
那將很有啓發性。

為了獲得物質的東西而工作，是不是對我們靈性目的的一個阻礙？

若你把物質的東西
看作是物質化了的意識
就不會。
當一個人在物質世界裡，
他必須有食物和衣裳。
而且一個人想望有個美麗
舒適的家，一個安憩之處。

這些是自愛的配備。
當你眞正承認了自愛，
就不會不讓自己擁有這些東西。
自愛將你的雙手打開，
接受也同時施與。
你當然不是由別人那裡
拿走一些東西。
你們的宇宙是無窮無盡的。
每樣東西都足夠
分給每一個人，
還有剩。

一個人應如何拿在那兒的恩施呢？
一個人要做什麼才配得到財富呢？
你想這不是個難題嗎？
等著瞧吧。

直到你精通了
接受的藝術，
你必須供給你自己
物質上的必需品。
如果你能把對錢的罪惡感釋放，
而接受它爲**神聖的**宇宙
及你們地球物質實相的一部分，
你們將看出錢沒有
比你們賦予它
更多或更少的力量。
它只是個必需品。
你們全都把錢的意念看得太嚴重了。

有時我不在這物質層面
求「成功」，
因為好像我應該在這兒現有的東西裡
找到喜悅，
而我對為自己要求感到困惑。
你對這點有什麼感想嗎？

我對那感想很深。
在靈性的鍛鍊裡
有個誤解，
它說：
「為要得到一切，你必須什麼都不要。」
如果在其文本內加以了解，
這「要」是指有「貪欲」。

然而，當你有
想嚐嚐你們世界的豐富
欲望，
而以愛去接受它時，
我看不出有任何
你不應享有它的理由。

只有當你相信
在你們世界的慷慨施予和

上主愛的慷慨施予之間
有分界，
才有衝突。

當你有個身體時，伊曼紐，你做什麼營生？

在我最後的一次轉生時，
我是個很像你的人，
只有一點不同，在於，我跟從我的心，
沒有一丁點的罪惡感、遺憾或恐懼。
我變成一位教師，
我周遊在你們的世界，
容許我自己被愛觸及，
而只要我能，我總是以愛還愛。

我要告訴你另一件事：
我很富有，也許不是在
與財富如此執意相連的錢幣上，
我卻是富足的。
從未有一日我沒有足夠的食物。
從未有一晚我沒有一個美好的安歇處。
我有我的家。我有我的工作。
我也有我的正直人品。

親愛的靈魂啊！當你們進入「伊甸園」時，
那麼小心地行走。
你們難道不知
那是你們合法的家園？

當「完全的完成」的想法
進入你們的意識時，
你們這樣的恐懼。
你們如此地尋找認同，
以致「找到」之本身，反倒成了一個
威脅。

的確，在人類的整個經驗裡，
最困難的事是——
對你的**自身**、你的**生命**、你的**光**、
你的**眞理**和你的**神**，
提出所有權的要求。

在你們的路途上，一有機會，
就盡量坐在最多的**光明**裡。

盡可能地尋找喜悅和歡愉。
當然不是犧牲別人，

因爲那不是愉快。
不把任何人推出路外，因爲那是痛苦。
卻是到有眞正愉快的地方去：
認識自我和愛的愉快，
以溫和與慈悲看待別人的愉快，
這些是眞實而不變的愉悅。
具有肉體本身可以是愉快的。
性事可以是愉快的——
當有愛的時候。

對虛幻的終極挑戰就是愛。
因此愛你自己，
並且愛人如愛己吧。
（你顯然不能比那愛得更多。）
因爲愛就是愛。
它一旦在那兒
它就平均地向各方向散播開去。

慶祝你的生命。
盡可能把愉悅帶進生命。
把那愉悅看作是眞理，
而非某種祕密的罪。
因爲如果你在幻相的範圍裡
判斷愉悅，

那麼你就失去了那愉悅。
而它將使你在這教室裡
逗留較長的時間。
它的確會的。因爲你要明白，
受苦並非到**光明**和**天堂**的路，
愉悅才是。
眞的愉悅。非假的愉悅。
你們全都知道其分別。
當你們對不起自己時，你們全都知道。
你們讓自己噁心、
你們做　事、你們變得自取滅亡，
那時你們就知你們已出賣了自己。

當你們開始綻放、發光，
沿著街跳舞，
只因你是快樂的，
而你明白那幻相
只是你所造的，
它是爲了你自己的教育而在此，
只要以自愛的行爲，
你要的話任何時候都可以改變它，
那麼你就自由了。
你正在準備你的回**家**之路，
當你準備好想回來的任何時候。

在同時，你們在教許多別人
關於**上主**存在的絕對真理。
而你與我——我們全部——
有一大堆事待做。
但不需要艱困費力地
而是愉快地做。
但當它不是如此時，請勿自覺高貴。
不要感覺
「因為」它很難做
所以你就是做對了。

當愉快離開你的那一瞬，
立即停下來
問：「我忘了什麼？」
而如果你中心穩固並在真理裡，
答案將是，
「哦！我忘了我即**神**。」
於是你將把那記憶
帶回到你的人類經驗裡，
你將再跳舞。
而我們在靈體裡的，
也與你共舞。

然後那完成**上主**救贖**計劃**的任務

將很快地進行，因爲**上主**即**愛**，
而愉快即**愛**、喜悅即**愛**、
眞理即**愛**。而所有一切都是**光**。
不論你相信我與否，
很快地，
你將發現這一點。
因爲你在這一生將成長
你將年老、你將死亡。
而我不能想像還能對你說
一件更可喜、更令人鼓舞的事。
因爲如果你留在這幻相裡，
我無法告訴你，你將會如何地不快樂，
即使在這一刻
你相信你眞的想如此。

你將留下來直到你的任務完成，
直到學到了你的教訓，
而後我們將全都再開始
在某個其他次元
以**上主**的名創造。

上主祝福你。

9 旅程
——演化、轉世、業報、永恆

在任何一刻，心都可以開放。
在任何一刻，
靈魂的意願
能完全克服
「業力」的結構。

整個世界是個幻相，
精巧地在太空中迴旋，
縱使它的確有點游移不定。
你們接受這幻相，

因爲你們是好學生，
且答應來這兒學習。
你們允諾留在這幻相裡，
相信這幻相，
直到你們完成了
來此完成的事。
然後你們可以釋放它。

且慢，我這樣說是什麼意思？
我是指在你們同意再出生之前，
你們都簽了一個合同，
上面說：「好，我願加入這遊戲，
遵守所有的規則。」

那是必須的。
你們明白學習是多麼困難，
即使在一個人類的實質教室裡，
當你拒絕相信
教師是教師，
黑板是在那兒爲著給人寫字，
而教你的東西有其價值。

我在此不是爲倡議反叛，
而是向你們保證

你們在做的事是有價值的，
你們在學的東西是有必要的。
然而，這整件事
只是個短暫的幻相，
而你們更大的部分是存在於此，
在**光明**和**眞理**的世界裡。
你們將會回家。
你們會回家的，我答應你們。

我們為何進入人類的形式？而且進入這麼多次？

你們在有限人類型式裡的存在，
暗示你們的意識需要
有限形式的東西。
隨著你們發展的進步，
你們的視野也擴展了，
以包容更多更多的宇宙眞理。
它現在就存在於你們內
尙未被發現。

轉世的輪子一轉又一轉地帶著你，
直到經由努力與經驗，
你的抗拒終於變得
如此透明、如此破舊，
以至你們可以看見其內的破洞。
你們不再相信它的構造。
然後你們才讓有限的、多疑的心智
受心的使喚。

所有的靈魂
跟隨各種不同形式的困惑
尋求它們自己的本體，

但這是個照亮了的路徑，
雖然它可能看似經過了
可怕的黑暗地帶。

整個旅程的目的
是讓靈魂尋找**眞理**，
然後較聰明地回到**眞理**，
且較有準備爲它服務，
而最終變成爲**眞理**。

投胎這個舉動，本身
即是靈魂渴望
與**光明**再變成一體的
聲明。

當你們的覺性加深了，
因和果更快地發生，
直到平衡的過程成爲即時完成的，
那時就不再有因與果。
只有**眞理**。

我們的投胎是如何決定的？

當一個靈魂達成了足夠的明覺而

再度考慮變成人時，那時許多輪子
便開始運轉。

在每次投胎前，這靈魂需要和欲望
的所有方面都被詳盡地研究。由誰呢？
由這靈魂本身和其教師及同伴們，
還有當時未囿於人形內的親近之人。

既因人生的目的是爲學習和成長，
各種的「靈魂設計」
都以很偉大的創造力，
被編入預計的誕生裡。
時間因素、文化區域、性別、種族、
家庭、能力——身體的、精神的和
情感的——都被訂製了。也許不像人
訂製一個蛋糕那樣，卻是應用在
靈魂的藍圖裡。

輪迴是直線式的嗎？

在你們所在之處，是的。
我在的地方，則否。

意識無法不創造它自己。

即以你們存在的根本天性，你們必須
擴展和創造。
不論是在出生前，具有肉身時
或肉身生命之後，
在任何一刻
你之爲誰
是你創造之果。

每次生命的工場
必須設計以
創造
學習的
最好環境。
所有嬰兒期的境遇，
的確連肉體本身，
都是教育的工具。

在輪迴的模式裡
沒有錯誤。
雖然一個人滿懷恐懼地——
並且（在你們人類的發展階段裡）
很有理由如此——
看生而無辜的人所遭不幸，
在這兒並沒有任何所謂的錯誤。

這**計劃**是完美的。
這設計是精美細緻的。
而所有實相的本質
是愛。

我們為何對前世沒有記憶？

你們有的。
你們僅只是不把它當作前世。
你們中間沒有一個人，在其內心深處，
不覺知他曾經來過這裡。

你們已然體驗過所有的事。
你們現在在這兒只是為記住這一點。

一個靈魂除了到人類的地球層面還能選擇投生到別處嗎？

只要他對物質的地球層面有所需要，
那靈魂便會來這裡。
提醒你，這不是初級教室。
在你到達地球之前，
還有其他地方。

當一個靈魂覺悟到
投胎對他最有益，
那麼地球變成一個好的選擇。
你會注意到你們人類世界的二元性
本就是特爲作選擇而設計的。
一個靈魂必須要能選擇
才能來到這世界，
而當一個靈魂完成了
它的輪迴循環，
它一定已達到
做過了最終選擇的那一點。

無需匆忙，
你們是永恆的。
如果你在這生忘了什麼，
將來還會有很多時間。

如果你覺得不再想
存在你的肉體內，
對這想法要存疑，
因爲你必須是懷著愛
而非帶著嫌惡或憂慮回家。
如果有一丁點不滿意的殘渣，

在將來你還得來把它掃乾淨。
你最後的投生是乾淨俐落的。
所有的繩子都繫好了。
所有的角落都掃淨了。
所有的東西都摺疊好收起來了。

意識要獲得一個人身有多困難？

在一開始，
當一個靈魂莽撞地投入這新的次元，
可能是相當偶然的。
當一個人一生又一生地
經歷了整個的人類經驗，
選擇變得更精確些。
在最終的幾回投生裡，
一個人必然變得更小心
而可能需要等一陣子，
但絕不需要等幾個世紀那麼長久。

如果我們偏離了正道，我們是否會回到意識的較低形式？

那樣對靈魂的目的並沒有一點用處。

為何那六百萬個靈魂決定來投生以體驗那燔祭？

（指二次大戰納粹的大屠殺——譯註）

把靈魂放出來以進入投生的門
可以成全許多目的：
教育別人
及教育自己。
當一個生命被設計來
達到這兩個目的，
則其原因和其使命
都是很偉大的，
在那種時候，較高的智慧可以說：
「這在現在是必要的。」

一個人能為他人犧牲
而仍有個絕佳的機會
使自己成長。
當然，那條路是經過選擇的。
沒人不經意地撞上這種事。
每個靈魂在其投生前，都覺知它的需要
以及它在某種情況下
能藉著對別人成長的貢獻
而加強自己的成長。

一個靈魂還能由瀰漫四處，以致使人失去了理解空間的那種恐懼學到什麼嗎？

靈魂是能學的，
也許那個「人」不能學。

靈魂投胎的整個過程是在同一個時候開始的？或對我們每個人而言在不同的時候開始？

對我們每個人有不同開始的時候。
在永恆而一直擴展的
上主之全部一**體**裡，
全部不能一下子都
爆入肉身裡。
每個靈魂在它自己的追尋中，
帶著自己的時間表，
當每個意識擴展與探索、
分裂與變爲，
它在其內帶著
它想要回來的那個時刻。

聽起來有點亂。

你認爲它混亂，
因爲你以空間的概念來想，
在永恆之內
有許多的空位。

靈魂的數目是否有限？

不，沒有限。

新靈魂何來？

當意識表達它自己，
它分裂又再分裂。
當它分裂到某一點，
它不再在分裂裡
找到成長或擴展，
那時它開始合一。
最終，只有一個靈魂。

在人類進展的哪一點
一個靈魂不再必須回到這行星上？

當你終於
圓滿地、完全地
認識並體驗了
你自己的**神性**。

我們是否同時在另一個實相裡
過著與人類生活平行的另一個生活？

是的，當然，許多個。

這「許多個」是否橫跨時間、
橫跨空間、橫跨震動？

橫跨一切。

我們所有的投生
是否全都在同一時刻演出呢？

對靈魂的意識中心而言，是的。
你們是**光**的生靈
而，由**光的中心**，

所有的事物都是現在。
可是，當那**光**
進入到物質實相，
就那實相而言，
是有編年史的。

「業」是什麼意思？

當我說到「業」
我只是在說將被改變的資料。
並非結清帳目。
在每個人裡有一小部分
正抵制**上主**的意志，
否則就根本不需有
人類經驗。
業是一種學習方式。

業是你在此生
所選擇棲居的
一整套境遇，
以發現在你內
尚未在眞理內的區域。
你是你生命中每樣事的創造者，
沒有一件發生在你身上的事

不是你招來的。
聽慧而有意識的靈魂內在欲望
是要外在化，
把內心裡知道是眞實的東西，
創造成一個可觸知的表象
因而體驗那信念。
就是透過那種體驗
變化才得以發生。

萬一我們做錯事
或做了不仁不義的事，
我們不是必須要付出代價嗎？

你們在這兒不是爲償債或回收。
你們在這兒是爲了成長。
在你們想成長的意願裡
業障得以解除。
在**上主意識**的經濟學裡，
不再被需要的東西就不再存在了。

你們在花開之前
老早老早就播下了種，
有時候，那些被撒下的種子
需要變成花朵，

以便被認出來。
然後，有意識地，並以深深的覺醒，
它們可以被移植、培育或拿走，
你在當下的實相裡
看到你不喜歡的收成，
你必須歡迎它們，
當作是過去錯誤判斷的記號
現形於現在，
以使你能作較聰明的選擇。

你們受困於
一個具有業力重要性的結構，
然而，當你深入又更深入地
進入你自己的內心智慧裡，
那業力結構變得越來越不足以禁制你。
它能很快地被改變。

雖然業力的工場
看起來可能很龐大，
沒有一個靈魂能給予它自己
比它原準備好能完成的
更多工作。

業力的任務

是為了自我寬恕
和自我實現。

你走失和犯錯
不因有意的否認，
而是因恐懼、因無知，
在不安全的地方尋找安全。
你變得迷惑而離開了
與**上主**有意識的聯繫。

經由你自己人類經驗的迷宮
找到你的回頭路，
你將發現門是開著的，
而**光明**就在那兒。

當一個人有意地容許他自己犯了
傷害別人的這種否認**上主**的行爲，
在那種情況，
靈魂是知道的。
它必須以某種方式
對那行爲有所了解。
也許要花上幾輩子的時間，
也許只在一剎那。

如若你明白，
當你一旦體驗了
夠多的業力實相
而足以越過你們的世界時，
你不會有劇烈的改變，
也許你會失望。
你仍是那可愛的老樣子，
個人而言，我覺得那是很可喜
而了不起的。

你的這個
被你褻瀆、看輕、
疑問、批判
並對它感到罪惡的自己，
即是那個
將與你一同回家的
自己。

對像希特勒或史達林那樣的靈魂會發生什麼事？

當你說「一個像希特勒或史達林
的靈魂」時，
我告訴你，

你並不認識他們的靈魂。
你可以談到一個像希特勒或史達林的人，
但你不能談他們整個的**神性存在**。
在人類意識裡有
對報應、對公正的需要。
有許多事是
人類心智所無法了解的。
你不能以意志強迫自己
去寬恕和愛一個
似乎引起這種苦難的人。
由你的視點那是不可原宥的。

的確，在靈魂裡面必須有
許多的成長，
不止是那兩個人，卻是
任何一個殘酷的人，
虐待人、殺害人、自私、
野心勃勃、無情無感的人。
只是個程度上的問題。
你們每個人內都有一個小部分——
有些人比別人要小些——
在那兒有仇恨，在那兒有種族偏見，
在那兒有個聲音說：
「我跟你不同，我比較好。」

不論何時當你聽到那聲音，
你是在對你在外在世界視爲希特勒的
那東西說話。

記著，這是間教室，
記著有些教訓
必須橫寫過穹蒼，
以使它們被聽到
被了解。

所有的意識是否皆由較靜態的、簡單的物質形式演化到較流動而複雜的？

那些選擇離開之路的意識
也選擇回來之路。
這涉及了許多不同層次的意識經驗。
當意識表達它自己，
它在你們的地球上具體地形成
你們所謂的
許多不同層次的知覺。
它卻永遠是走回到
那**合一之境**。

如果意識的某部分覺得
把自己創造成一塊岩石，或一片草葉，
它最安適，
這並不指
它必受限於那形式。
只是指
那意識的某一特定部分
作爲一個彷彿無生之物
最能滿足它自己的需要，
來體驗與具體化實相，
的一個短暫聯繫。同時
那意識可能
在其他層面——
包括做爲人類的存在——
創造它自己。

當你開始珍視這地球，
鳥之語、花之香，
感覺與它們全爲一體時，
你所做的是釋放
你凍結了的一部分意識，
以與那原是你精髓的
愛之光重合。

與地球上萬物的一體感
是個好指標，
即你已把經由各種經驗
而演進的那些部分
收回到自己身上。
這導致你完全明瞭
地球和你自己原爲一體。
眞的，它的確是。

動物會演進嗎？牠們會變成人嗎？

當然。
意識必須由它自己存在的位置
創造它之爲何物。
當一個意識擴展，
它將生長到它所能及之處，
超越它現在的了解
而進入更大的智慧。

演化是無止境的。
你、你自己，將演化成爲
遠爲燦爛的、
遠爲美麗的、

遠爲睿智的生靈。

一個人會不會從人生的課程裡提前畢業？

不能跳級。
有機的過程不容許那樣。
那將會有些漏洞、
恐懼和懷疑、
「缺少信心」會潛藏在那兒，
它會全部再崩落下來
你不會想要那樣的。

你將找到你的路子
而追隨它到最後。
畢竟，這不是那麼可怕的一個地方。
你來不是爲看美和醜、
愛和恨、光明和黑暗的嗎？
不要逃開，
你的任務是改變它，
而非躲避它。

嘿，伊曼紐，幾點了？

現在！

如果我們是永恆的，時間又有何意義？

你們談到時間。我談到永恆。
我們是由意識的不同視角
講同樣的東西。
時間是個教育工具。
時間是物質實相的
一個必要成分，
因為它提供一種結構感，
一個正面力量，
以助你集中焦點
並與教室裡的事件發生關聯。
任何把注意力保持在需要的地方
的設計，
都可被稱為是個學習的工具。
當你畢業了，
你不再需要時間，
但直到那時之前，你需要。

把你自己由你肉身的限制裡
釋放，
你便在時間之外，
然而你覺知到自己的存在。

在你目前所在之處，
直線式的時間是你環境的一部分。
當你超越了
如你們世界裡那樣計量的
時間觀念，
那時時間便不再是直線式的
而只是*存在*。
它與所有事物的*存在*合在一起。
你不會說時間沒有了，
但你將把它由向前移或向後移的
概念束縛裡，
或由除了永恆存在
之外的任何實相裡
釋放出來。

10 疾病與治癒

總是被外在刺激所左右的
親愛靈魂，
在疾病所強加於你的
安靜、內省時刻，
可以有這麼多收穫。
這種時間可以被用來作那種煉金之術。
把靈氣吹入那實質的黏土
而使那黏土轉變成黃金。

疾病是種教育，
由靈魂來的一個信息。

當你學到了教訓，
疾病便化為烏有了。

疾病是那個特定的
靈魂困惑
顯現在肉體上，
以使意識能看到它。

疾病的每個部分都是你。
傾聽你的身體。
它在說些什麼？
作你身體的那個部位。
一旦你聽到了
那些不服從區域的聲音，
成熟的心智可以說，
「讓我們另找一條路。」
在那一刻，你相當真實地
擁抱了你內在那異乎常軌的能量
不論它是精神的、肉體的或情緒的，
只藉著接受它，
你開始消掉它的能量，
轉變開始了。

當你準備好由它學習的時候，

疼痛對你說話。
情感上的痛說的是一回事，
肉體上的痛又是另一回事。
甚至它在身體上的位置
也是很有口才的。
人生沒有一事是偶發的。
我明白當某人在痛苦裡時，
很難接受這一點，
但事實就是事實。
你們住在一個健全有序的宇宙裡。
把那作爲你們的信條。

疾病首先存在於
靈性的需求、
情感的混淆，
或精神異常
的非實質領域，
它從不是以肉體為主的。
身體是反應器。
它與壓力共振
是內在騷動的
外在表象。

當身體在創傷的猛攻下收縮，

對身體的某一特定部分
拒絕給予能量。
如此便爲一個肉體上的表象
佈置好了舞台。
在你們的實相，那即是，
身體的機能失常。

按照它們表現出的病徵，
疾病被分類，
但是它們的起因可能完全不同。
同樣的疾病
可爲了兩個不同的理由，
存在於兩個不同的實體裡。
它是每個身體表達
「不統一」之外在畫面
的方式。

有些病是否來自因果？

因果和壓力是同一回事。
它是你在此生如何
跟隨你靈魂的藍圖
進入衝突的區域。
這些可稱爲因果，但
那個字眼非但沒給你更多的清晰，
反而助長了更多的幻相。

如果對是什麼引起了這疾病
這眞相有所認識，
治癒能即刻發生。
因此沒有例外的，疾病是
意識所不願接受的事的
身體化。

當生命力、靈魂意識
流過實質的身體，
身體裡抗拒那生命力的那些個區域
按照靈魂的需要
能在一生的某個時刻發展出一種
機能不佳的狀況。

任何否認最終都表現在肉體上，
這是人們穿上實質身體的原因之一。
這樣，他們必須面對
他們在精神和情感層面
所不能面對的事。

你的病體不是你的敵人
而是你忠心的朋友。
它被你的靈魂設定程式，
就在那個時候，就以那種方式
來反應。
請留意它的指導吧。

愛滋病可是上主降的瘟疫？

哦，我親愛的，那是多麼可怕的想法，
想**上主**可能會降下一種瘟疫。
如果我們站到一旁而把病怪到**神**身上，
我們怎能希望治癒這痛苦？
不，不。你們認知你們在自己生活裡有
自治權的人，
完全明白這不是原因。

沒有一位仁愛慈悲的**神**

會對任何人，
不論是個人、團體或社區
加予任何的病痛，
甚至連傷風也不會。

如果你相信
你該受懲罰，
你需要問
你覺得在我們人生裡到底
出了什麼差錯。
當你自己擺出
暗示你應受**上主**責罰的任何姿勢時，
是否有種罪惡感？
那就是目前的問題，
而非疾病本身。

為何我們有些人身體健康，而另一些人則殘廢或生病？

你們不必為了一個健康的身體而負疚。
每件事都有其理由。
要知你已在過去學到
在一個扭曲及被否認的肉體裡
天生具有的財富。

你是否怕在上主的宇宙裡
每樣東西不是分配得很平均？

有些人選擇遺傳因子，
就像他們會買一幢朝南的
或後面有個湖的房子。
他們選擇住在一個實質的形象裡，
那身體有個特定疾病的潛因
作爲一個釋放機制。
它是設計來那樣反應的，
當他們人生中的某個因素
到了一個地步
令他們不想再走下去。

瘋子是否有意識地控制他們的瘋狂？

非也。
他們是在心靈上對他們的瘋狂
有所控制。
但要說一個人控制他的瘋狂
是作了一個殘酷的聲明。

的確，

也有某派的信仰
相信，
當人有
根本無法應付的
環境或創傷時，
瘋狂是個聰明的決定。
的確，瘋狂是種治療。

靈魂，問題的重心，
是覺知的，
但靈魂已自我承諾了
要在那個人生裡成長，
常常不止是爲它自己的緣故，
而是爲了
對別人的學習經驗
有所貢獻。

如果我們能把「癌」字洗一洗，
掛在太陽下曬乾，
把它收進來漂得既白又美，
我答應你們癌症會少些，
死於癌症的人會少些，
靈魂會選擇其他方式。

癌的問題即恐懼的問題——
癌帶來一個恐懼的訊息——
那在你們的世界上是如此的普遍。
因此這病必須坦率地
當作恐懼來對付。
癌一旦被治好，
又會有些別的什麼。
人們必須處理恐懼，
因為它是對上主實相的
一個最大否認。

有人告訴我
沒有不可治好的病。
信任這話之餘
我能做什麼來挽回我的健康呢？

此處有個意志力的問題。
當一個人說
「沒有不能治好的病」時，
其中有個堅持是，
「依照我的條件。」

真有一個治好所有病的萬靈丹嗎？
我會說有的，如果你夠聰明

把死亡也當作是種治癒。

在它無限的智慧裡，身體知道，
爲了平衡需要些什麼。
只要你肯傾聽
你是自己的診斷師，
也是自己的醫生。
讓我告訴你，
當靈魂準備好離開身體時，
你可以在四處走動，
好像個強壯、健康的運動員，
而心臟會停止。
如果靈魂沒準備要走，
身體便會治癒它自己。

你需要認識
得到了解放的人類意識
力量——
並非意志，卻是解放了的意識——
有能力重組並治癒它自己的身體。

由於你們中有些人
在你們這生裡會演進爲療癒者，
讓我提醒你們，有些靈魂

不希望被治癒。

「你一定會被治好。」
常常是治療時
所給予的信息。
不，他們一定不會痊癒。
除非他們想要。
而你們在那上面並非權威。
不要把你的意志強加於人。

只要給予愛。
那靈魂會拿那份愛
把它放在最適用的地方。

人們能藉「敷手」（把手放在人身上治病——譯註）治癒別人嗎？

兩個以上的人
在**真理**和**光明**之名下集合，
透過他們的連接，
愛的力量進來
改變了那病人
身體的化學和能量系統。

只要有兩個人
懷著愛、開放和信任，
就可創造不平常的環境——
兩個人與**聖靈**。

藉「缺席治療」？

如果你向某人送出治療力，
讓它是個祈禱吧，
祈禱他們接受他們的疾病，
容許它帶來
所意欲的不論哪種智慧。

也許不會在兩千年之內
出現在你們人類世界
一種最終形式的治癒，
那是種演進了的狀況，
涉及了以清淨的水
來醫療病體。
這醫療的有效性
將寄託在信心上。

11 死亡

死亡就像脫掉一雙很緊的鞋。

即使當你死了時，
你仍是活著的。
在死時你並沒停止存在。
那只是個幻相。
你活著走過死亡的門，
而意識並無改變。
你並沒走到一個陌生的地方，
卻是一個活生生的實相，
在那兒，生長過程仍在持續。

生與死
不應被當作是相反的。
把死亡說成是個入口
比說成是出口
要更接近事實。

死亡的門所提供的
是非常巨大的活力再度湧出，
因你是從一個可被形容爲
生命的褪色版本處
進入這東西的本身——
主要實相的活力。

如果死亡能被視為
一個美麗而澄清的湖，
令人心曠神怡，
那麼當一個意識
自身體向其出口移動時，
將有那個愉快的跳入，
而它就這樣游了開去。

死亡是自動調節的。
它有個神聖的起源。
它是絕對的安全，

對死亡的恐懼
是對放手的恐懼。
活著時是怎麼樣，
死後也是一樣。
一旦克服了人性的恐懼，
死亡的過程
永遠是個欣喜的過程。
當你把恐懼擱在一旁，
死亡變成了最令人興奮的冒險，
在宇宙裡沒有什麼可怕的事。
沒有這種事。

當靈魂離開了實質身體，
就像在深奧的冥想裡，
有一種光，
有種健康、
和平的感覺，並且明白
你在你的整體裡、
在你個人性裡的感受。
你並沒有停止存在，
卻是進入了另一個
更緊張熱烈的存在層面。

在完成肉體生活的最後一步，

在作決定的過程裡，
保持極有生氣的活著
是很重要的。
那是一種興奮，
像是在打理行李，
去作個期待已久的旅行。

死亡只是個通路，
一個釋放的時候。
死亡與活著沒有不同。
一旦你充滿了一種對**自己**的感覺，
你就知道你已超越死亡而存在。
釋放的第一種快樂，
是把**自己**的形象重整，
進入所有一切的**合**一裡，
並沒有一刻失落過**自己**。
我，我自己，是
死後經驗的產品。

當他們完成了任務
而向**光明**接近之際，
任何人爲何
仍會想留在
物質實相裡？

想想這一點。
這對我們常是個謎，
即使當我們曾做過人
而仍記得那恐懼之時。
很難眞正理解
一個人會多固執地緊抓著
一個腐敗中的無用形體，
當在出口處
有如許的喜悅和**光明**在等著他。

我們永遠在那兒歡迎
那些出來的人，
因此離開你的身體，
張開雙臂
接受擁抱吧。

沒有靈魂走入主要的實相
而未被照應。
如果你如此突然地離開
以致沒有體認到你眞實的狀況，
你將需要見到某個看來像人的生靈。
如果在那瞬間你只見到靈體，
你會覺得不太舒服。

我們中有些志願者，
應募參加的人，
當靈魂從身體裡移出時，
提供他一個焦點
來幫助他定位、適應
新的存在狀態。

一旦靈魂認清了方位，**嚮導們**將出現。
你所見的是按照你的信念系統。
可能是個發光的**佛陀**、
發光的**基督**，
或另一個聖者形象，
但它會是**光**。
然後靈魂會被帶到
它需要去的地方，
以及在它存在的最深層面
它想去的地方。

我曾以為我是個有意識的存在。那麼，為何當我想到我可能死時會那麼害怕？

因爲，我親愛的朋友
你也還是人哪。
也因爲
當你死時，它必須死的你的那部分
還不想死。
那個部分說：
「我是個人物。我是個
在這實質世界裡的人。
我曾如此奮力保護的自己
應當永遠不朽。我不想
走進那未知的一步，
因爲未知的事讓我害怕。」

那沒關係。那不是指
你的較大部分沒有覺悟。
它是覺悟的。但不要把覺悟強加在
你那未能涵容它的部分。
容許那部分保持其人性。
安慰它。

你的較高智慧準備好了，
在任何時候
把那恐怖抱入懷中，
輕搖它、緩和它，
撫慰它進入死亡的極樂狀態。

一個多麼殘酷的說法：
「我以爲我悟道了，
而我在這兒害怕！」
難道你看不出
在你們的二元世界裡，
這是十分恰當的嗎？

我們是否有一天能
增加身體的壽命，
也許一直到能克服死亡呢？

你們究竟有什麼理由想那樣做？
我眞的想不出還有什麼
比永遠關在你們的教室裡更討厭的事。
那樣的唯一目的也許是消除恐懼。
生命的目的是藉恐懼成長
而顯示恐懼脆弱的本質。

如果你的靈魂沒完成它來做的事，
生命將藉它自己的意志而延長。
你們在這兒是來過訪
而非留駐。
這不是個咒詛，
它是**上主**的贈禮。

當我們正在死亡時，實際上感覺如何？

死亡類似於你在一個相當窒悶的房間裡，
那兒有太多人在說話和吸煙，
而突然你看見一個讓你出去
進入新鮮空氣和陽光裡的門。
眞的很像是那樣。

物質變得較沒那麼濃密。
意識變得較不受拘束。
色彩變得更活潑。
聲音變得更好聽。
所有的感官，終於
由實質身體的沉重外衣下
釋放，

與歌聲一同飛揚。

當一個人領回了那些能量、
那些曾住於肉體內的意識時，
一個人做的很像**上主**做的。
一個人對細胞說：
「你不再需要存在於
我的脾臟分子結構裡，
因此，來與我同住於
我的**大我**之內吧，
直到有這麼一天，爲了大家的好處，
我們必須再住到一個人類形體裡。」

在死後我們即刻的體驗是什麼？

離開一個身體
有許多個別的、獨特的方式，
正如住在一個身體裡那樣。
爲什麼要假設
一個人的創造能力
在意識離開身體的那瞬間
便停止了？

當你對**光明**、

愛和心愛之人的撫觸，
有渴望觸及的心，
那麼你便會體驗到它。
當你相信一切都將失去，
那麼，很不幸地，
這也必會被體驗一個短時期。
一個人不被允許留在
他自己的創造中過久。
離開身體這事已很夠受的了。

當**自己**
自人體裡釋出的
那瞬間，
那兒有**光**、有和平、
有自由、有**家**。

如果我能以有形的方式來給你看
你們世界的意識那個圓圈，
並讓你們看見環繞著
那個世界的**光**，
你們將永不再質疑
當你離開人類限制的圓圈
那一刻所體驗的
安適和關懷。

會讓你們休息，安靜地坐著，
沐浴在對連續不斷、永恆**自己**
的覺知裡。
那些準備好的人將即刻會見
他們的教師和心愛的老友，
以慶祝一個最歡欣的重聚。
是的，很像人類那樣。
別忘了你們在你們周圍形成了某些
對你們意識並非陌生的東西，
因爲意識必須創造它自己。
當你發現你在自己的**存在**裡，
你也會認出沒具肉體的
你自己。

也可能有一段療癒的時間，
的確，有許多人，落入沉睡裡。
當他們能感受圍繞他們的
安全和愛時，
他們便輕緩地醒來了。
另一些歡欣地匆匆進入新的存在。
我很高興告訴你們，
多半的生靈，
立即覺得這過渡很舒服且可喜。

你們大多數的人，
在肉體死亡之後，
有一段時間，
在其中
人生的恐懼、混亂
和抗拒，
必須由永恆的觀點予以了解。

當你成功地再進入了
新鮮的空氣，
也可以說，
進入了你永遠屬於的
主要實相，
你終究會發現你自己
變得好奇、開始伸懶腰，
好像在一個長長的假期之後，
突然你完全明白，是
站起來、開始動的時候了。
常常，的確在大多數的情形，
對人生又重新有了興趣，
因爲你留下了未完成的事。
於是你就又回到了子宮，
卻只在深深的考慮之後。

如果我們準備好完全地轉入光裡，那麼在死時那瞬間會是怎樣呢？

那瞬間不會出人意料地來到。
當他仍是人時，
這個人對那轉變的一刻是覺知的。
那是願意以愛
觸及人類地球的所有一切，
而卻又愛它們到足以釋放它們的地步，
明白在這釋放裡
沒有失落，
只有意識的變化
進入更深的**合一**。

在**光明**被看到之前，
它已被感覺
被知道。
在那轉捩點，以最深的信賴投降，
以最尖銳地集中的覺知，
一個人離開了肉體
而直接轉入**光**。
在離開身體之前，

他已經轉了一半了。

在那一刻，是否那合一與完全的獨特性同時並存？

是的，並且在那之後永遠如此。

如果，在某一生裡，你在你內心找到
原諒你自己做人不完美
的智慧，
極有可能
你的死亡將是即刻
而極舒適的。

如果所有的事都平衡了
並符合靈魂的願望，
一個人能在睡眠中平安地離去。
提醒你，我沒說：「如果一個人是完全
地演進了。」
因為每個人生有個容量，
而當達到了那容量，
那麼一個人能平安地離開。
雖然別人說：「他們在睡眠裡

最美又最平安地死去，
但他們沒有演進好，
他們沒做這個，他們沒做那個。」
你們無法得知
在這一生裡靈魂的任務。
如果任務完成，
生命便會如此結束。

而且，許多人經過
長期且極端的病痛而死，
這並不指
他們沒完成
他們靈魂的決定。
它只指
在他們離開時他們正這樣做。

充滿生氣地活著
直到你死亡那一刻，
就是在一生裡
成長到最圓滿的可能極限。

靈魂選擇
在那時候
最值得它的過程的不論何事。

它可以是幫助他人成長
或留連於身體裡，
以使它自己的意識得以繼續演進。
也許那靈魂決定最爲匆忙地離去
以使它能由實體生活的反面去成長，
藉著重新估量一直縈繞於其心的
對突然死亡
之不必要的恐懼。

死亡不是什麼可怕的事。
它只是一個你已涉入了幾世紀
過程的一部分。
你並非瀕臨深淵。
你只是在你永恆的存在裡
又走了一步。
當靈魂準備好時，
它需要有離開身體的方法，
我親愛的，你爲何如此戰慄不安？
死亡是個旋轉門。

我的弟弟自殺而死。對這，我需要明白些什麼？

你的弟弟拿去了他的生命，

把它帶回了**家**。
雖然我們談到了自殺的不智，
沒有關係。
很清楚的，當一個人選擇了退學，
他必須再回來，
學習在那時他未能學到的事。
我由永恆向你說話，
一個人可活多少世
是沒有限制的。

你的弟弟正在學許多有價值的事情。
他到**家**了。他很好。
他正在工作，即將設計下一回的課程表，
使之與他的意願和需要
更相符合。

你必須把注意力
對著自己，
有個殺死了他自己的弟弟
對你有何意義？
你需要聽見在你內的**上主**聲音
它知道那是沒關係的，
知道他是永恆的。
聆聽他給你的訊息。

沒有一個人單獨行動。
沒有一個人在眞空裡行動。
沒有一個人殺了他自己
而沒留下一個成長的遺贈。

在**上主**內沒有懲罰，
只有永恆的愛和了解。
自殺只是個愚蠢的行爲，
而以此它收穫它自己的報酬——
就是如此。

他會很感激
你的祈禱和祝福，
但比那更要緊的是，
對那行爲之無益，
你的溫和、甜蜜和帶笑的了解
將最受歡迎。

為何有人那麼年輕就死了？

因爲他們已完成了他們的任務。
再沒有其他的理由。
年輕？

你們全都是永恆的。
一旦你逃出了
時空連續，
那「年輕人」
變成了一個非常老的靈魂。

論意外的死亡：

沒有所謂意外的事。
當你靈魂選擇離開你的身體時，
它就會離開。
人生不是個業餘的馬戲團，
在那兒進入帳幕的人
是個別的、孤單的表演者，
既無劇本又無導演——
只是翻個筋斗，
在空中打個滾，
然後跌落地面。
不，那是錯的。

做為靈魂，你們是自決的。
你們決定何時出生。
照你選擇去相信的事，
你在每一天的每一分鐘裡

創造你的人生。
你決定何時死亡。
所有的事環繞著
愛、平衡、規律、因和果
的眞理而演進。
這些是**聖律**。

在死後，對靈魂而言有無不同的層面？

在你們自己的人類領域裡，
難道沒有覺知的層次嗎？
那麼在靈魂的領域裡，
豈非也隨之有不同的層次？
我們並不是在論及一個意識的價值，
但當你攀登你覺知的階梯時，
在你和我的領域裡
你都跟隨著你自己對實相本質的藍圖，
它是同一個實相。
在這一刻，分開了你和我的實相的
唯一不同，
是在於你相信
你的五官現在記錄的事。
你接受它們擁有限制你的力量，

你只要伸展而超越了那信念，
那瞬間你便回家而自由了。

我們如何為失去心愛的人作準備？可能作準備嗎？

有兩個答案。
心愛的人永不會失去，
你們也無法準備。
你們必須以自己的方式去體驗它。
當然，你們將懷念那實體的存在，
但當你們學會超越那個，
就根本沒有失落了。
即使當你們坐在人類的形體裡時，
一旦你容許自己——
注意「容許」這字眼——
相信你的存在是超越肉體的，
你將與那些已離開的人接觸，
它將是眞實的。
它將比你曾接觸的實體
還要眞實。

你知道
那實質的身體

是一個護盾或一個殼嗎？
它沒有顯露，
卻阻礙了那顯露。
如果你不需要幻相，
你就根本不會需要一個實質的身體。

對那些被留下來的人，
有關他們在一個心愛之人死後
立即應做的事。
你有些什麼建議或指示？

那是個非常好的問題。
首先，願意讓那個人
進入他演進的下一步
是極為有益的，不但對你也對他。
跟他道別，祝他一路平安，
一帆風順。
然後你們剩下的人彼此相視，
互相給予安慰和保證，以及必須的
擁抱和「面紙」。
下一步，帶你們自己到個
非常豪華的地方，
享受一次不可置信的盛宴。
向已完成它任務的

靈魂致敬，
為你們再見的時刻碰杯，
而後各自過你們自己的生活。

死亡不只是哀悼的時候，
它是見真章的時候。

由於不願表達任何負面性
因而心懷怨憎，
業力聯繫可形成，
它進入了靈魂的意識
而在另一生裡回來。
藉著處置負面情緒，
藉著滌清關係，
你幫助你們雙方。
「不要說亡者的壞話。」
那是廢話。
首先，沒有所謂的「亡者」，
而相信亡者必須被保護
是與眞相牴觸的。
在他們升高了的意識狀態裡，
他們比較能聽眞話。

溝通並不停在

死亡的門口。
在物質實相和
靈魂實相之間的
牆是很薄的，
正如你能由
我正在此跟你們說話這事
看明白的。

你，安於你的所在，
已死的人，安於他的所在，
可以對同樣的問題努力
而達到一個較深的了解，
即使幻相告訴你，
你們是完全分開的。
與大多數人的信念正相反，
你的眞理能促使那上升的人成長。

當我們向亡者送出愛的信息，我們怎知心愛的人收到了它們？

藉著了解愛的本質，
那是宇宙的永恆力量。

當你表達並送出愛，
它即刻便會被收到。
至於收到的人是否就是
你所記得的同樣的人，
又是另一件事了。
成長繼續著。
以你最後了解他們的樣子去追憶某人，
縱使最令你感到安慰，可以保證
即使當你正在想的時候，
他們已有了些正面的改變。
關於死亡有些
非常令人神清氣爽
和教育性的事。

一個覺得難以說出
「我愛你，謝謝你與我分享你的生命」
的人，
一旦他們把自己由肉體裡挪開來，
就會願意承認那些情感。
我並不指每個人都立刻變聰明了，
只是更覺醒了。

你談到死後所存擴展了的意識。個人性難道不是必有某種最終的結束嗎？

是否有個時候，所有的都混合為一？

是的。

但永遠不會有

一個人融合到虛無裡去的時候。

12

關係
——結婚、離婚、家庭、性事

人類愛的目的
是為喚醒對上主的愛。

人類愛的門戶
是個完全可被接受的通道，
以體驗更廣大的實相，
因爲愛就是愛。

當你學著去愛，
你對愛的行爲之本身開放了。

那愛以許多的方式給予了這世界。

你的心開放
不論是對另一個人，
一個動物、社區的參與，
或與你的環境建立一個關係，
仍然是對愛的開放。

有史以來——
人類有過許多的歷史——
一個男人與一個女人
彼此之間的關係，
曾要求過許多不同的事。

今日最基本的要求
是誠實、眞實和愛。
眞實和愛不能分開。
它們攜手並行。

當一個人懷疑他是否可愛，
那時眞實似乎變成了對安全感的咒詛。
但當一個人確信
他，的確，是
眞和美、

優點和甜蜜的典範，
那時自我暴露變成
一件歡愉
而非恐怖的事。
那時人與人之間的關係
可以深而又深地
達到一個奇妙的合一。

論男女關係：

在這人類世界，
二元性是其課本裡的語言，
不要把男性與女性
看作是永遠分離的，卻當作是你的
一部分，
你選擇來凸顯的。
你們彼此並非陌生人，
你們只是彼此的一部分。
你所選擇去居住的那部分
將是二者之一。
因為那是你們人類世界的本質。
因此在一個男人和一個女人之間的關係，
只是尋找**自己**的另一個方式。

人類愛
並非靈性愛的代替品，
而是其延伸。

每一生
及每一生內的每個關係，
都是體驗愛的一個機會。
當你們把彼此看作是

你們本就是的**神聖**而永恆的生靈，
你們對這彼此的相聚
將永不停止驚奇與讚歎。
不要被引誘到
只把彼此看作是個人形的軀殼。
而應是，看見靈魂，那內在的意識。

靈魂的伴侶。
這可眞是
能談個不完的題目。
當一個人說到最終的眞理時，
那麼沒有一個活著的人
不是你靈魂的伴侶。

在世界另一邊的陌生人，
在他們存在的根處，
與你爲一，而你與他們爲一。
只要這個覺悟
能在你們的行星上普遍受到鼓勵，
就再不會有另一場戰爭，
任何地方
永不再有另一個
傷害性的、毀滅性的衝突。

如果一個人渴望有個伴侶，是去尋找這關係好呢？或是等著它發生，或等著它發生時試著培養超然的態度？

最後這一點，根本不要。
如果你與你的欲望分離了，
你的欲望將永不實現。
它只會成了
把你拖倒、引起你痛苦的
附屬物。

雖然你有意識地渴求一個伴，
你的有些部分則否，
它們把那念頭推開。
當你的一部分
這麼小心翼翼地打開了門，
另一部分卻匆忙地鎖上它。
四處看看，略做清掃，
你將可看見在哪兒
你仍然害怕、
拒絕、否認、批評和判斷，
你渴望身體上和情感上親密的
那些部分。

一旦準備好了
伴就會來了。

對這考慮考慮。
然後給你自己買最華麗的裝束，
開始跳舞吧。

你愈認可你自己的全部，
你愈會追求與**上主**的**合一**，
而後能接受
說你和我是一**體**的
那無限的、不得了的、可怕的愛。

我們在這物質層面上的男－女兩極性，是否也存在於靈的領域？

在統一的世界裡
沒有兩極性，
男－女兩面自我聯合。
沒有一個人是較男性
或較女性的。

那麼在靈的世界有沒有性事？

如果說到的「性事」是指合一、
光和愛、無邊融合的感覺，
那是有的。但它已自
肉體的性移開
而全然進入心裡。
我們已經學到
肉體上的分離所給的教訓，
我們不再需要它了。

當你的心似乎被拉向兩個不同方向時，你如何用你的心來選擇一個關係？

冒著聽來像是享樂主義的危險，
你爲何不兩個都試呢？
事實上，當一個人如此地下決心去找
那唯一永恆的關係時，
在他心裡
就有一個重擔
而否認了它自己的智慧。
對這要小心。
要歡欣而慶祝愛，

不管它在何處召喚你。
如果你從未嘗過假的，
你如何能分辨眞假？

在許多轉生裡，
那個終極的關係
無處也無從發生。
記著，我親愛的，這不是天堂。
這是到天堂的路。
要願意接受限制而無怨無悔。
你們是在一個有限的世界裡。

為何這麼多婚姻以離婚結束？

這是因爲人們已加速了
他們的成長過程。
靈魂來相會，不是爲了保持實體的接觸，
而是爲了成長。
當這事發生了，
禮物已送到了。
教訓也學到了。
因而你難道不同意
是繼續前進的時候了嗎？

所有的事都井然有序。
不要被改變所驚嚇。
事情在加速
不是爲跳入毀滅的淵藪，
而是進入那
你正在尋求的
了解的高原。

對於我正在變壞的婚姻我能做什麼呢？

讓它變壞。
婚姻是關係的另一用語，
而當一個關係不再有意義，
如果你已刮淨了桶底，
去找尋意義，去找尋教訓，
去找尋你們爲何相聚在一起的要素，
而這沒帶給你
你所追求的東西，
你還可能再多做些什麼呢？

如果沒有眞正的結合，
你如何結束它實在不怎麼要緊。
你不能懷著愛和祝福

讓它去嗎？
因而下次你再遇見這個靈魂時，
你們之間會有更多的相容、
更多的同情、更多的了解？
因爲你們將再相遇。
既然所有的都終將回歸於**一體**，
在你的人生裡，你所遇到的人，
沒有一個是你不會再見的。
想想這事。

我如何能知
該是離開一個痛苦關係的時候了？

當你受夠了苦的時候。
如果，因爲別人在路上
找到另一個他必須走的方向，
使你感到不知怎地變渺小了，
那是因爲你還沒找到你自己的空間，
你只找到與另一個人的認同。

論開放的婚姻：

每個人必須選擇他要如何體驗人生。
我認爲說「開放」和「婚姻」

是自相矛盾。

婚姻的意義，如我對它的了解
是：
它是以正直與允諾
來相聚在一起，
以光榮在彼此內的神，
及助長可能的最大成長。

開放的婚姻如何能對這有所貢獻？
我看不出。
它把屬於那一個人的焦點分散開來。
不，我並非清教徒式的嚴謹。
當你有與婚外之人相交的癖性時，
我說那完全看你自己。
但要覺知
你正在浪費一個偉大的財富。

當你浪費它，不止是你給予得較少，
而且你也收到較少。
一個人不會收到
比他給的多出一兩。
因此你所做的終究是
拒絕你自己去得到

你在許多地方找尋
而非在一處建立的富足。

而且，如果一個婚姻本身是不相容的
那麼我不明白，
你們還在那兒做什麼？
如果你們已結合爲一，而發現
你們向不同的方向生長，
好吧，我爲你倆歡呼。
受祝福而喜悅地
移向更相容的環境吧！
但當你們有個承諾
而仍希望維持那承諾時，
我不明白爲何那不是足夠了。

我們的婚姻似乎無聊而膠著，雖然我們仍彼此相愛。我們能怎麼辦呢？

第一步是承認這點。你覺知
你們不止是在你們的關係裡
慢到停了下來，
而且仍有愛情。
當你們眞正接受那愛情，

你們將找到一個方法化解。

愛不是某件可以談論
然後又不予以尊重的事。
愛是存在於宇宙中的
最深的實相。
一個人不隨隨便便說：
「嗯，還是有愛的。」
而後繼續
那同樣毀壞性的老模式。

你必須首先
把你們愛的餘燼
放在你們關係的祭台上，
你將找個方法
把它再煽成火焰，
以治療性的方法、以祈禱、
以實質的活動，以不論什麼
在你們人世裡可能的事。
但首先要有愛。

要非常地小心，我親愛的，當你說：
「當然我愛你。」
要確知你明白你指的是什麼。

因爲一個人有時說「愛」，
是作爲一個防禦物
或躲避他自己的無情。
愛可以被說出口
以便不去體驗它。

因爲愛
是宇宙間最有力的力量，
它也是最嚇人的，
直到你全然地進入了它。
而那通常是在
最後一生
差不多快結束的一點才
發生。

不要被無聊迷住。
它不像你以爲的那麼安全。

性與靈性有何關係？

愛常常被當作是性來感覺，
你的身體是一個體驗的工具。
當你體驗愛，
你是以整個具體的存在去體驗的。

親愛的靈魂，在你們內沒有一樣東西
不是為了表達愛而設計。

性是到達合一的奇妙之門。
它是願意看見和被看見，
透過你親愛的自身每一部分
盡你所能完全地分享，
以使你被認識與珍視。

在人類的承諾裡，有其必要
尊重「性的結合」的實相。
「性的結合」也許是
結合的最直接方法，
當它在所有的層面上被體驗，
當然，不只是在肉體上，
但也不只是在靈性上。
要小心這一點，因爲你們是所有的東西，
而你們存在於所有的層面。

「性」是通向真理的生物性之門。

同性戀在人類關係裡的角色如何？

一個必要的關係。

它是示愛的一個方法。
它是想達到合一的一個方法。
它是掩飾恐懼的一個方法。
它是，簡而言之，一條路。

很難接受統一，
因爲你們所居的世界
鼓勵非此即彼的幻相。
但事情正變得更密切的一致。
許多人正學著接受
他們陰陽人的本質。
有些人表現在同性戀上，
然而，那是個誇張的敘述，
因爲有接受實質世界
性結構的必要。
無論如何，在你們的文明裡，
它終究是個健康的聲明。

最終我們全是半男半女的。

家庭是
靈性成長的溫室。

在家庭的情況裡

不可能避免覺悟和成長。
那即爲何家庭這機構
被併入塵世的設計裡。

兒童的進入一個家庭
是觸媒性的，
因爲他們浸染了許多
存在於雙親內的
未知的屬性。
這在靈魂是知道的，
是它帶來的禮物之一部分——
給雙親一個機會，
在一個更易見的層面
看見他們在自己內心帶著什麼。
視小孩爲**上主**的明鏡，
以及產育他們的你們人類的明鏡。
他們也可以是他們雙親的內在建築
之痛苦反映。
他們如何反映則是他們自己靈魂的過程。

他們在那兒是為了被愛、被珍視、
被引導、被保護、被滋育和被釋放。

論為人父母：

愛是做父母的目的。
有教導的需要。
有安慰、指導的需要，
但絕沒有一刻必需有
優越感或分離感。

你的孩子選擇了你，
因為他們認識你，
大多數的情形
你們以前都曾在一起，
在不同的家庭組成裡。

以愛、誠實、眞誠、坦蕩
以及盡你所能有的同情和智慧
清楚地溝通。
那將對你的孩子們的靈魂標的
最有用。

任何人必須給的唯一禮物
就是自己。
我不能想像一個更美、

更美的表現。

我的女兒吸毒，你能否提出一個看法以及一個幫助她的路子？

那看似如此的有害，
而的確在實質的形式裡是如此的，
但並非最終的毀滅。
在**上主的意識**裡沒有這種事，
只有學習，只是如此而已。

要談這個題目，
最好是問問你自己，
你由這學到了什麼？
爲什麼這發生在你身上？
不由一種受害者的感覺，
卻是由一種感激。
你正體驗到什麼？
你怕的是什麼？
你找到的隱祕資源何在？
你們在哪裡是共謀？等等。
在這時，審判完全沒有價值。
它們只會把通向療癒的門

關得更緊而已。

沒有一個人單獨地存在於世上。
你的孩子並非單獨的，
因此你也是她通過藥物之門
而溜出實相的抉擇之一部分。
我這樣說不是要加給你罪惡感的重擔，
而是敦促你負起你在這交互作用裡
的角色。
孩子們提供
雙親未曾給予他們自己的完成。
看看這照見了你的什麼，
而要願意有愛和風度去接受。

所有的母親都是
你以前曾認識的心愛的人。
在這實質的行星上
沒有比母與子的關係更深的了。

這並不曾企圖在任何方面否認
父親的地位。
我只能安慰父親們說，
你們曾是母親，而你們現在是孩子，
因此仍然有那密切的結合。

一旦有那結合，
永不再分離。
一旦有了愛，
永遠有合一。
雖然生生世世會過去，
在其中你找不到你們以實體在一起。
我可以說當這種親情
已經體驗過，你們可以相遇
在夢中的靈界裡。

在我母親病中
我對她有何責任？

只因某人病了，
並不表示他們必須是
你犧牲自己人生的祭台。
如果你的眞理是應與她在一起，
那麼那不是個責任，
那是個完成和喜悅。
如果與她在一起不是你的眞理，
那麼你必須順從你的心。
你難道不明白，我親愛的，
在你最深的眞理裡，你不會做錯。

是否可能與動物們溝通？

當你感覺，以開放的心，
與不同的族類有兄弟似的溝通，
那麼你正觸及
那曾創造了你們地球的
種子。

當你容許它
變成了你呼吸的眞理，
所有的生命將向你說話。

當你向最終的實相——
所有的生命即愛，示現在愛內，
因而是爲**一體**——投降，
你將發現
在那條溝通的線上，
所有的意識都認識它自己。

海豚能跟我們說話嗎？

在動物的世界，
海豚只藉簡單地做牠自己

表達牠的愛與覺知。

海豚曾看見很高的**光**
並感受很大的愛，
而現在希望向外伸展
以分享這樣的愛。
在這生靈內對愛的意識
正找尋表達它自己的地方。
愛是個必須贈予的禮物。

要求一隻海豚
以類似人類的思想模式來溝通，
你們是在壓迫牠
由牠的存在層面太快地演進，
那對牠不利。
哦，我的朋友們，你們難道不能讓東西
以牠們自己的語言向你們說話嗎？

13 此時此地的問題：

這行星的存活、戰爭、政府、墮胎、凌虐兒童、納粹的大屠殺

不要有一刻相信
你的出生是個意外，
或你的世界是個混亂和困惑的
莫名其妙混雜物。
從人類有限的觀點，它可能看來如此，
但我答應你們，
所有的事都是井然有序的，
而到合宜的時候，
上主的工作對每個人都會變得清清楚楚。

當布幕拉了起來，而你的覺性擴展了，
你將看到你們整個行星
好像敬獻給**上主**的一座**光**之大教堂。
你們每個人在內心都握著
你們自己無限權力的權杖。

這些動亂時代的意義何在？

你們有忽略人生目的的傾向。
還有什麼比似乎充滿了危機
和陰險的時代
更好的反省背景
去探索一個人自己眞正的信念，
去追隨一個人自己的光，並分享它。
多麼奇妙的背景幕，
為內心的對抗、為成長。

在人類的過程和進步裡，
有許多讓人可覺悟、可給予希望
和正當驕傲感的。
專注地認定——
這似乎很明顯的愚蠢
終將征服世界，
對全體都是不利的。
只要你們的學校存在一天，
決然無疑，殘酷、惡毒、幼稚的
行爲將繼續存在。
但沒什麼理由相信
這些是組成人類的所有一切。

別迷糊地假設你們的世界
是個合理的地方。
當然它是不合理的。
它是個鬥爭的映影。
當然它不是溫和公平的，
直到你顧到了自己內在
珍視溫和與公平的意識。

我們的行星是否在毀滅的邊緣？

學校不能這麼早就放學。
鐘還不會敲。
你們還不會去度那長假，
即許多人藉著說「早完早了」
而在尋找的假期。
人仍然如此不成熟
以致在相信他自己夠力量
去消滅這世界時，
有一種浮誇感
幾乎瀕於幼稚，
這種不成熟被假的允諾吸引，
即負面態度所伸張的
絕對權力。

在你們的世界，根本沒有
像絕對權力這回事，
即使在一個有限的形式裡。

看看你們自己內心，
滿意於一個全球大決戰的心思
究竟藏在哪個角落？

這種毀滅的不適當，
對你們行星的每個人
都是不證自明的。
那麼，爲什麼，你們假設
對那**全知的愛的意識**，
它的不適當會較不明顯呢？
你們在人類地球的思考方式裡
受了太嚴格的訓練，
它說如果我對你生氣，
而你對我生氣，
那麼就必要有
一場激烈的戰爭。

雖然有些人是激怒到不管三七二十一
要把這世界帶到
超過了毀滅的邊緣，

在那些同樣的生靈裡，也還有
對**光**的意識在尋找**光**。
雖然他們的路似乎很悖逆，
不管怎樣，它是一條路。

雖則我顯然不會對你們說：
「核子武器的無限儲備豈不精采？」
我會對你們說：「我親愛的，
信任宇宙的智慧，
也信任與你們共存於人類世界的
每一個生靈。」

如果你們這些尋求愛和眞理的人
尙不能超升混亂的幻相，
那些被閉鎖在裡面的人
又怎能得到幫助？
藉著你們的愛力、
你們對真理的承諾，
你們被授予力量，
將為那些被這樣的恐懼所擊毀
以致他們寧願毀滅世界
而不願承認他們自己的恐怖的人們
帶來意識的提升。

人生的目的
不是要你們彼此孤守自保。
有學習去愛的
最強烈需要。
即使是地球的汙染
也是學習關懷的一個方法，
而那關懷本身
就將改變正在發生的事。

別對地球拒不負責，
它還有許多好年頭剩下。
人類不需經由一次大屠殺
才從學校裡解散出來。
可以有個比你們有些人想像中
較溫和的**歸鄉**。
但是，不錯，將有那麼一天——
科學是相當正確的——
你們的行星會消失。
不在你們的一生裡。
卻是當你們全讀完了課程，
地球可以回**家**，
它將回到**光**。

經過被踐踏、被鑽探、被錘擊，

不信任、毒化，
難道你們不認爲
到那時正如你們一樣，
地球已賺得了它應獲得的
一點休息，
在一個長而有用的生命之後？

當你們的時間來臨時，
放開你們物質的東西吧。
它應功成身退。
那部分的意識應得
回轉到**光**。
你們也一樣。

在生態平衡這題目上
我願與你們分享一些想法。

就許多對他們自己、對地球這實體和其上生物的貢獻有所覺知的人而言，這些話可能喚起共鳴。還有許多其他人對所討論的其他點，與你們立足其上頗世俗的物質，你們所吃的食物和所吸的空氣之間，看不出多少關聯。你們可能問道：「好吧，如果我是個靈魂，到這兒來學習，那麼我爲什麼必須對在我出生之前已存在，而在我把自己由這頗爲骯髒、破舊的世界拿開後的那些環境，還要有任何關切呢？我已遷到意識的其他地帶去了。」

對這種問題的唯一答案是，這個世界是面鏡子，一個人愈把它擦拭得乾淨，愈能看清自己的反影。既然其精義——人生的目的——是自我發現，那麼在這壯觀的冒險行動裡所用到的成分，是不是有必要被保持在最頂尖的狀況呢？也許，它可被視爲一件自私的事，但無疑地對全體都有利。

我們為何起先就沒創造一個明鏡般的世界呢？

因爲你們來是爲在這個特定的鏡子裡看
你們自己的雲翳，
並且也看你們自己的**光明**。
當你們能透過汙染和漠然
看到你們家園奇妙的美麗，
當你們能以愛觸及
越過玷汙了的外在實相，
你們將使存在於內在的東西復甦，
而地球將眞正地再發亮。

你接觸和利用
物質的東西，

其本質是反映性的。
每件你觸及的東西都反映你。
在無限意識之海裡
只要還有一個靈魂在漂泊，
地球不會擅自提出它本該有的清晰，
因那個靈魂將看見它自己的反影
而弄髒了完美的鏡子。
必然是如此的。

我們近來所經歷的奇怪氣候有無宇宙的重要性？

別在自然現象裡讀出災禍。
地球是很聰明的。
她只是在平衡她的生態。

我們應如何看核子動力的威脅？

無懼。
不要害怕核子動力本身。
它是**上主**宇宙的一部分。

在**上主**的世界裡，

沒有一樣東西是邪惡的。
是看如何去用它。
尊重核能。
以智慧去用它。
然後它會在你們的世界裡
有其適當的地位。
不多也不少。

問題在粗心、
貪婪和不關心，
而非核能。
人的力量——
對人類力量的誤用——
以及恐懼，
才是問題所在。
害怕匱乏。
核子物質被用為
填滿許多人的口袋的工具。

貪婪是「深切恐懼」之毒廢料。

現在以「戴奧辛」的樣子來到的毒物，
以前曾以其他毒物的樣子來到，
也許，像蛇群的進攻，

或像戰爭，或瘟疫。
「戴奧辛」是負面性之現代模式
而應被如此看待。

在你們、你們自己，覺知到
意識創造東西時，
於是這智慧賦予你們力量
去祝福、去滌清、去療癒。
是的，甚至你們的地球。

為受傷的地球祈禱。
給那些受苦的人
溫柔、愛、了解，
同情、祝福、療癒。
你尚未實現你自己意識內所持有的力量，
以把所有的東西變爲**光**。

以愛看所有的一切，
而它便會被解除武裝。

論政府：

政府從未被設計來
治理那個國家居民之

光明和靈魂的過程。
所有治理的機構，無一例外，
都變得巨大無朋，
與它們原先被形成以服務
人民的需要不成比例。

設定一個宇宙政府的時機已成熟。
讓國家主義的抗拒和幻相的束縛
溶解，讓所有人類
在對**一體**的認識裡聯合起來，
那才是真正的實相。
在街上大聲疾呼這道理吧！

現今存在的政府
是當人類仍在幼稚園時系統化的。
是時候了，
該讓那些至少已由高中畢業的人
（更別說那些在這幻相裡
已上了大學的）造成
一個見解成熟得多的政府。
不論誰坐在首席，
每個國家都是被**神聖的靈**所治理的。

意識的哪些面能產生像「猶太大屠殺」的這種恐怖？

「我們都有責任。」這句話
是相當對的，你明白。
是時候了，你們全都該看看你們的內在
以找到你們在哪裡具有這種殘暴，
在哪裡可能持有這種偏見，
或感覺優越，
雖則你們永不會付諸行動。
這些判斷可以用許多許多方式
創造一個暴行，
雖則它們仍留在一個理性的層面上
或一個不為你的意識心所覺知的
情感層面上。

無論如何
每個人對那種時代都有所貢獻，
雖則他顯然不在那兒
把犧牲者趕到一起。
除了少數例外，你們每一個
都考慮過同樣的意識焦點，
它被誇張到一個程度，
就帶來那境況。

它是個深沉的學習過程。
如果這樣子用它，
那些實質上被摧毀了的人們
就貢獻了一個極巨大的愛的禮物。

非常像在大屠殺裡的那些靈魂，有許多人，不論是個人或集體地，正在奉獻他們的性命。似乎我們的注意力該被轉移至眼前的事，以使那些教訓能維持得很清晰。難道不是時候該集中焦點在英雄主義、奉獻、愛和現在在我們每人之內的**上主**？

指責過去，說「看那個！」而非「我現在必須看看我的四周」，要容易得多。因爲當你們看見這種事情於現在發生，就必須對它加以處置。紀念碑是獻給凍結了的思想的。它們作爲一種參考架構來教育人，但它們也有把持續的開展過程凍結起來的傾向。教訓必須在學過後就放手，或說得更好些，學到而予信賴。我們藉尊重現在來尊重過去。

將會再來一次主要的國際戰爭嗎？

這個問題這樣子問是無法回答的，
並不是因爲我想藏私，卻因爲
光明的種子已被種下了。

一個有力的運動正在進行中，
而你們全是其中一份子。
戰爭，像地震一樣，不就這樣發生。
它們被創造出來的目的，
遠超過了不同的政治路線。

作爲**光**和**上主**的生靈，
你們必須以那些天性說話。
你們必須慶祝愛，
但首先你們自己必須相信它。
因此，你們必須考驗它，向它挑戰。
你們必須調查愛，
直到你們明白那兒沒有別的出路。
一旦你發現那個鞏固的眞理，
你將穩穩地立足於其中，
你將否認暴力和黑暗，
而將參加**上主**
療癒地球的大任。

當你懷著愛看另一個人，
你創造了你可稱之爲「奇蹟」的東西。
因爲**光**伸展，而當**光**伸展，
黑暗就被轉化了。

不要絕望。
心正在開放。
愈來愈多的人聽見真理。
勇氣正在增加。
你們已有足夠的人對這種毀滅說「不」。
你們已經開始這樣做。

論虐待與刑罰兒童：

任何的一種虐待，都是對**上主**的虐待。
不論在天上地下
我都無法跟你們說，
對兒童或任何人的虐待和刑罰
是可被接受的。

這在人類而言
是個很可怖的境況——
不能加以忍受。
但讓我們超越那個來看，
不是以洋洋自得，而是以同情，
並以對每個靈魂智慧的深信來看。

不只是對這孩子，也是對雙親而言，
從這經驗應學到什麼？

常常一個受過虐待的
甚至被虐待致死的孩子，
給了雙親一個偉大的愛和犧牲的禮物，
如果他們願意接受這禮物。

經驗這種虐待的靈魂，選擇它
爲了那些只爲他們
及他們的顧問、嚮導所知的理由，
他們將帶著更多的光出現，
對黑暗的意義有更多的覺知，
更有決心與力量
改變在他們自身內的黑暗。

你們極不可能
像**上主**看一件事那樣地看一件事。
把你們的判斷留在**上主**的手中吧。
放下你們的恐怖和憤怒。
這些問題需要在
你們的人類世界裡討論。

論墮胎：

我想墮胎是許多其他問題的一個熔爐。一個人必須對他一生裡的每個行爲完全覺知，包括受孕的行爲及墮胎的行為。但當在深長的祈禱和考慮之後，有必要去中止一次懷孕時，它並非一個不可原諒的行為。如果是懷著學習的意願去做，它變成一個有用的行為。

記住，我是從靈的世界說話，而我知道，從沒有一個靈魂會被毀滅。我知道當一個靈魂選擇了要被生出來，它將會生下來。靈魂是聰明的，如果不合條件，它不會住進一個身體裡。

有些**聖律**超過人類意識那麼多，以致很難發表一個聲明。它在覺知的某一個層面說：「完全沒問題。」而在另一個層面說：「你們眞的必須加以深思。」而又在另一個層面說：「也許你們根本不應做這事。」沒有一件事在你們的人類世界是絕對錯誤的。

一個人該有罪惡感嗎？不。關切？是的。責任？絕對的，同時還應有同情，以及願意看見在那不幸行為之後的需要。

為什麼讓這受孕發生？你們到底眞地渴望什麼？你們為何把自己放在這樣一個地位，受了孕卻不能或不許你自己去接受受孕的果實？

不論以何種方式去看，它是個損失。你們或是失去了你們的心，而進入了一個無意識的受孕行爲，或你是在某方面否定了你自己的成就。

然而，如果這行動是用來成長，
如果它為你開了找到你自己的意義、
你自己的需要、你自己的真理和存在的路，
那麼它是個禮物。

論死刑：

按**上主**的命令，
沒有人
有權奪去另一個人的生命。
當然，靈魂沒被殺死。
它被釋放了。
但那是件不同的事。
當一個人建造了人類生命的結構，
這時，沒有人能奪去那生命
而不嚴重地妨礙他自己。

殺掉一個謀殺者，
因而引起另一件謀殺，
在靈魂的意識裡是否算是補償呢？
我認爲不是。

對每個人的神聖性
有深切了解的必要。

在人類經驗的路途上，
當爲了維護一個理想、一個主義
或一個生命，
而似乎必須奪去另一個生命時，
這並沒在任何方面減少了
那行爲的嚴肅性。
但它的確緩和了情況。

覺性愈擴展，
一個人就變得愈負責。
無疑地，如果覺性不在那兒，
那麼另一人的死亡就不是
這樣沉重的負擔。
只有在自身內，一個人才知道
覺性眞的在哪裡？
意識的深度創造下一生又下一生。
永遠記住
那因與果是一個人自己的創造。

在內在黑暗的壁櫃裡，
一旦**光**被打開

那麼**光**即將永遠照耀，
一個接一個的，所有的人都將離開
公設劊子手的職位，
那時便沒有一個人去做那工作了。

想像一個世界，其中每個人都說，
「我不願殺人。」
你們知道
怎樣的和平與美麗將降臨嗎？

14 越過行星地球

一個小小世界
永無止境地急衝過太空，
這模式並不十分切合現實。

你們是處於萬物間的分界線上。
同時，你們也是萬物。

你們在我的地方。
我在你們的地方。
而具深、高與寬的
物質次元

根本沒有現實性。
如果你們拿開
人類限度的眼鏡，
你們和我將在
完美的平等中
面對面。

作為光之靈，
只要是你們的特定意識所容許的。
你們可以自由通行於
上主宇宙裡的任何地方，
超越實質的世界。

讓我們假設，你們，一個**光之靈**，
不再有具體化的需要了。
你們已把虛幻的虛幻留在身後，
而你們有相當的自由
去擴展、探索和創造。
抉擇在你們。
你們可以進入其他的銀河系，
與你們的存在更和諧一致的
其他意識領域。
你們要明白，當你們沒有肉身時，
有許多行星開放供你們居住。

它有多冷沒有關係，不是嗎？
那種自由的感覺，眞過癮。

不論什麼地方吸引你，
不論你的好奇心帶你到哪裡，
你都有自由去住。
你看見光、色，
遠比當你在人類大氣裡時所能感知的
燦爛得多。
你聽見最精美的仙音，
超過你的理解。
這不是個童話故事。
這是像把耳塞拿掉而聽見，
脫掉靴子
而感覺溫暖的沙在你腳上一般。

你們的世界給你們這些允諾，
但你們卻仍未聽見這些允諾。

每次只有一小部分的靈魂意識
以人形存在。
那人格，如你們所經驗到的，
是尙未與**光**混合爲一的
靈魂的一小點。

那反抗的區域變成了人。

人類經驗變得愈不必要時，
學校也就愈不嚴格，
而人生更能是個甜吻。

只要你們有一部分
還是人，
你們如何能知
什麼是完美，什麼不是？
也許在完美的**神聖計劃**裡，
沾上些人類的
不完美，
對目前而言正是絕對的完美。

基督是否被如此地沾染了？

的確。有令人目盲的榮耀時刻、
有絕對的明白時刻，
但也有雲翳的時刻、
忘記的時刻，而這些
對**祂**而言是很痛苦的。

人身——實質的肉體本身——
的根本天性
就塵染了意識。
即使被像**祂**這樣獻身於眞理的人
所採用。

有人說「克里希那神」（印度教三大神之一——譯註）和其他用人類身體的，並不完全是人。像那樣的人有無可能在地球上行走？

穿上一個實質肉身是可能的，
卻不可能進入人類經驗的戲劇。
那兒有一個微妙的差異。
基督承認**祂**
和**祂**的經驗、**祂**的信息、
祂的訓練、**祂**的熱誠，

進入實質人類經驗
的價値。
有許多人並沒有。有許多人
穿上肉體的衣服一輩子、
一年，或似乎合理的一生，
而沒眞正地體驗人性。
那也是沒關係的。
有些生靈
在一個擁擠的地下鐵之中具體化了，
或站在一個街角，
突然在那兒幫忙、教誨、嚮導，
然後就消失了——這些就是那種人。
他們不知人性。

伊曼紐，你的世界像什麼？

好吧，如果我要帶你遊覽一下，
我會很高興給你看璀璨的色彩、
甜美的空氣、
各種各樣愉快的知覺。
我會給你
安全、美麗和柔和的街道，
不可置信的異香。
在你們世界裡潛藏於實質裡的一切允諾，

都在我的世界裡圓滿實現。

你們那兒有忍冬花嗎？

它是忍冬花的精髓，
而且它不只是由鼻孔吸入，
而是由我之為誰的每一部分吸入。

即使當你們在你的世界裡時，
藉著容許自己沒有界限地去體驗，
你也可以開始觸及我的世界。
例如，當你吃一餐，品嚐你的食物，
不只透過你的味蕾，
卻見到它的美，
聽見它（它有個聲音）、
看見它活躍的生命，
那食物給你愛的禮物，
讓你的身體吸收它的光和愉快。
緩慢地、慈悲地吃。懷著覺知去吃，
你就會開始明白我的世界
是像什麼樣子。
基本上是一樣的，但要多得多。

心智能在一個「內轉」的無窮宇宙裡

伸展，也能在一個擴展中的無窮宇宙裡
伸展。

在這種情形下，參考架構
是在你的掌握之內。
譬如說，在物理學裡，
當一個人更深入於
世界內的世界，
有種超越過一切的
意識伸展。

地球的曲線
把人類的思想拉入它的軌道。
那麼關於「直的」思想又如何呢？

對**上主**的思想
將是直的思想，
其清晰與感知
超越了地球的彎曲，
不論對你而言那是什麼意思。
爲不同層次的意識，
這可能有不同的意義。
但它有將你的思想
從環繞著地球的

圓形運動裡釋放的傾向。

我們所知的耶穌基督靈魂也許會繼續住在其他領域？

多有趣的一個問題！
首先我們必須開始
藉演進過你們銀河系的實質性
而進入那更偉大的實相。
遠過那些即使在現在
透過望遠鏡的放大
仍對你是如此遙不可及的實相。

無疑地，有行星保育著
每種想像得到的意識。
然而遠在那之上之外，有
遠遠超越了實質的領域。
在永恆的偉大裡，
實質性只是最微小的次元。

有那些領域，甚至在這一刹那，
在那兒**基督**正行走於**光明**和眞理中，
歡欣和完全中，深奧的
尊重和崇敬中。

然而，我告訴你們這個——
再次的，不是要使你惶惑，但別無他法——
在你們的行星和它的實質性之內
還混雜著其他的實相。

那更大的實相
你們在冥想和祈禱裡全都觸及過的，
眞的是共存在同一空間，
在你們的汽車和你們的小船，
你們的水、你們的公園、
你們的雨和你們自己
也在的地方。
在那與你們共享所有永恆的
擴展了的實相裡，
基督活生生健在地
走在你們當中。

我們全同時存在於許多實相裡，
不可能在地理上給它們定位。
把它們放在你的覺知裡，
將把你更帶近於眞理。
因爲一個人能集中他的注意力
於細節上，而發誓沒有東西
存在於世界裡。

除了一顆沙粒，
一個人也能貫注於
一個更廣又更廣的光譜。
直到你完全覺知
你正與**基督**手拉手地走，
經常地，遍及於你所有的日常活動。
那不是地理上的。
那是眞理。

別的行星上有生命嗎？

有的。形形色色多得是呢。
你們全都被愛與被保護，
不僅由我所存在這意識層面的我們，
卻是由許多活在
近似於你們自己意識層面的生靈。
這些生靈在你們的世界存在過，
已成長到住在其他的領域了。
在那兒意識更高些、更進化些。
這是他們的抉擇。

在地球的過去歷史中，
已有許多次，
人類知道了他不是單獨的。

然後那知識被驅散了，
因爲這種溝通的**神聖**目的
已完成了。

將會有一天，
星際間的溝通
變成每日生活的一部分。
要等到
那些投生在你們行星上的人心
已準備好，
不以一個依賴性的孩子氣方式，
而是以四海之內皆兄弟的方式，
接受那指導。
這才會發生。

在別處的生命 是否將採取與它在此地同樣的形狀？

哦，不是的。有些「別處」，
那兒的生靈覺性更大，
有的則覺性更少。
這些是步驟、階段，
這個並不是**上主**爲你們創造成教室
的唯一行星。

你們由這兒到許多許多
更快樂、更開悟、
更刺激、更擴展、更富創造性、
更充滿了愛的其他地方。
你們明白嗎？你們不必害怕
有天得畢業呢！

誰是我們在宇宙裡最近的鄰居
我們第一個接觸的會是什麼？

我們就是。而且接觸已經有了。
哦，我知道你在說外星生物。
不論你們如何轉譯「外星」這字，
接觸卻已經達成了。

在你們人類的社區裡，
當你發展了願意聽到
意料之外的事的意願時，
這將變得更明顯。
已然有人宣稱
與來自外星的訪客有了接觸。
有許多人不願聽到這事。
全都太神祕了。
老實說，接受這點的時間還未到，

因爲我們仍致力於
喚醒你們擴展到靈界、到**上主**世界
的能力。

我個人對其他具體顯現的生靈來訪
的反應是，
在這個時候它將是件令人分神的事。
它發生過，並將繼續發生，
當密使越過時空幻相而來。
因爲我親愛的，最終
一切即一，一切在此，一切即現在。

當你將來考慮這事，
要覺察那存在於
時空之外的實相，
而你將明白，
只有當你安住在實質世界時
這問題才有意義。

存在於其他銀河系的靈魂
與你們十分相像。
從這些演進的生靈擴展了的意識
所收到的指導，
雖然可能有很偉大的智慧，

有時候也有謬誤。

聖律是**聖律**。
每個人必然會顛躓，
即使是那些已進步到
遠超過地球意識的。
不要對你自己或別的生靈
要求完美。

請告訴我們，由遠處看來行星地球像什麼樣子？

我看見**光**。
我看見意識。
我看見一波又一波的
祈禱和懇求，
痛苦與喜悅
離開你們的地球。
懷有渴望之意識持續不斷的
從你們的地球流開，
懷有持續不斷的療癒
流向它。
有個綿綿不絕的溝通

在我看起來是**光**的波浪。

臨別贈言——

你們是光，

你們所在之處都被照亮。

你們從未在黑暗裡，

你們只在接近黑暗。

你們從未在死亡裡，

你們只在接近死亡。

因爲當你進入了死亡，

它即生命。

因爲你是活著的。

因此，一旦你找到了自己

你是無限安全的。

因爲你永遠是你。

最終，當你回到家

被**上主**接見，

你將以愛和了解

歡迎你自己。

字彙

對你們所居的世界，你們需要一個幾乎是「假正經的」端肅。假若你們覺悟到，那看起來如此牢固地黏砌在不可改變實相裡的東西，從擴展了的眼光來看，只是個令人愉快的幻相，那就好了。

如果一個觀念以任何方式受到限制，這限制是為了認明，把它定住以便能夠看見它。那麼，這字彙的目的，毋寧是把字的意義自它凍結的地方搖鬆，而非給一個字一個可行的定義。凡能形成一個字的定義的每個人、每個意識，必須覺知那個定義在那裡是僵化而有限制的。每個意識有任務去做它自己內在的字彙研究。

玩玩這個字彙。然後把你個人的字彙搖鬆，把它滾動一下，而你就將看到你已在你想去的地方了。那是個定義的問題……你的定義。

- **反物質**：透過鏡子，對在這兒的東西的最極端否認，然而它仍舊在這兒。
- **美麗的**：這個字的意義必須被容許流到那出乎意料的地方。
- **身體**：身體是個被你們自己的意識所形成的外殼，為的是把靈魂圈起來，以使你能完成在任何一生中擔起的任務。

- **社區**：這觀念需要超越牆壁、街道、房子和國界。
- **永恆**：「永恆」這字能承受些許擴張。
- **恩寵**：恩寵是**上主意識**的料子。它是永恆的愛。每件事都是恩寵。
- **成長**：願意去改變、學習、體驗、擴展、慶祝、欣喜、崇拜，最後是投降。成長不只是實質的生長，或情感上的學習。它是準備好去探索一個人自己內在的實相，特別是較黑暗的區域。問你自己想變成誰。那就是成長。
- **人性**：人性不是一個堅硬和固定的冑甲，卻是一個最稀鬆多孔、有彈性的實相。
- **謙遜**：作爲人，而有意識地、開放地、甘願地處於一種人的狀況。
- **幻相**：所有不是純粹**光明**和**意識**的實相，都是幻相。
- **業**：你這特定生之旅的內容。
- 生命：生命是爲了成長。它沒有其他目的。
- **愛**：愛一旦有了定義，就失去了它的力量。如果一個人以其行爲來定義愛，他取代了愛。一個人認識愛是由過著沒有愛的生活，一個人藉悟到他已失落了愛而找到愛。一個人失去了愛，由於失去了**自己**。一個人藉找到**自己**，甚至藉尋找**自己**而能找到愛。
- **物質**：物質即意識。
- **合一**：合一是擴展，而在那擴張裡，我是你，你是我，合在一起，而我們就是**愛**。

- **關係**：「心」在找尋一個家。「渴望」在找尋一個存在的處所。
- **靈魂、靈、意識**：這些用語可被視爲同義辭。在我用它們時，一個生靈是永恆的意識，而這是住在人類所謂的靈魂裡。而當然，那是屬靈的領域。它們是不可能被絕對定義的。
- **空間**：空間和時間相遇在意識準備放棄它自己的地方。
- **象徵學**：把某物拿來，壓縮它。語言是象徵學最明顯的例子。在溝通裡有多得令人驚奇的失誤，而非直接命中。
- **教導**：不是一個教誨的行爲，卻是一種存在的感覺。這存在感必須被容許自己去擴展。
- **思想**：是人類實相裡的一個重要機能——當你仍在人的身體裡而去經驗它時。當你已不再受限於那種限制性的用法，它乃變成你整個存在模式的內在表現。
- **時間**：一個容器，一個形式。時間是個休息的地方。當意識不能容忍無限的實相時，它緊抱著時間。時間的精髓，因此，即意識。時間即存在。它同時是最微細的實相，也是最擴張的實相，而它的剎那即是永恆。
- **真理**：眞理就是眞理。沒人創造眞理。每個人以他自己的方式表現它。
- **世界**：一個學習的情況，常是掙扎的一個反映。

伊曼紐的靈性練習

絕對的自由與和平

1 如何愛你自己和別人

2 一個收聽你內在課文的方法

3 應付恐懼

4 如何使你自己恢復精神

5 認識你自己

6 重新感知自己

7 發現你的人生任務

8 一個喚醒「前生」記憶的方法

9 擴展自己

10 抹去你身體的界限

11 停留在現在

12 抽查

練習：一些擴展的方法和方式

這些練習必須按照你在做它的那一刻的能力來做。一開始，最大的掙扎只是坐下來，承認一段時間的安靜會是有益的。然後你可以向更深的深度或別的方向移動，好比，一個「自愛」的練習，或一個特殊的冥想，以找到自己的永恆性，等等。

當你決定懷著放棄對自己的判斷的意圖坐下，走到恐懼的背後，去找每個人類內心都有的**合**一的城堡之後，下一步是這樣：在任何一個時候，不論哪種練習召喚你，你就照做。不論哪種樣式適合你的需要，接受它。當你的需要改變時，要願意改變你的練習。沒有比僵化或堅持要任何特殊的樣式，更阻礙冥想的目的了。這些練習是開放的，你們可以隨興揀選。

這種練習的目的是獨特而個人性的。當然，其最終目的是得到自由，提升而越過人類經驗的囿限，淺嚐一下絕對的自由與和平的味道。

因此讓我們開始。這些練習的著作人不是我。經過世世代代，這些練習是由許多精靈，有形與無形的**光**之靈所設計、所形成的。我就把它們照樣送給你們。

那些已用過它們的人，可以頌揚它們對自我發展的功德，以及這種練習的愉快，因爲它們導向內省和找到自己。

1. 如何愛你自己和別人

要開始練習施愛，從自己開始是很好的。超過這個，與另一個人的分享，將像泉水的最甜之吻一樣柔和地流出。因此，讓我提供這個給你，當作一點點的家庭作業。

站在你的鏡子前，單獨一個人，準備好紙和筆。在紙的中央劃條直線，在左邊寫「這是我所接受的我」。注意我沒說「愛」。在另一邊寫，「這是我所不接受的我」。然後與那鏡中影進行一個開誠佈公的對話。

在許多不同層面的實相上看你自己，從最高的到最低的，從最成熟的到最不成熟的，從最甜美的到最苛刻的，從最有愛心的到你所曾有最生氣的時候。

容許你自己體驗那愛、那同情、那恨、那憤怒、那嫉妒和那犧牲。開始記下你如何審判你的判斷，你如何不相信你的愛心，你如何對你的自我檢查感到驕傲。

這些全都不要嚴苛地做。不、不。你已經夠苛刻了。只要著眼在誠實。當你真正地愛自己時，你所感到的羞恥令人心碎。你是來學習愛的。你不能愛別人比愛你自己更多。你不能愛**上主**比你愛別人更多。

和鏡中的你至少對談十分鐘——如果你喜歡，可以更久（如果你覺得高興，可以花上個把鐘頭），但至少要十分鐘——然後閉上雙眼，看見你自己沐浴在愛的燦爛光輝裡。接受它。讓它穿透你的毛孔。你每天的每一分鐘都沐浴在愛裡，因爲你就是愛。

2. 一個收聽你內在課文的方法

在你的一天裡，每個小時用一點時間問你自己：「我現在要什麼？」「我現在在作什麼決定？」「我現在是誰？」及「我現在在做什麼？」

這個練習集中焦點於內在的覺性。它是對你的精髓本身調準，以給你三百六十度的選擇自由。

3. 應付恐懼

這是著重在當恐懼被當成主人時所產生的困難。它是體驗那種輕鬆，可以使你安穩地走過恐懼。

因此，開始想像沒有恐懼的活著，會是什麼樣子。從擬想你自己走過一條簡單的路開始。從一條街走到下一條，看看恐懼有多常在那兒。恐懼不單可被認出是恐懼，也是抗拒、限制、遲疑、憂慮或不信任。

下一步，擬想一些簡之又簡的行爲，完全沒有恐懼地做出來（以後你再處理複雜的）。每天做五分鐘。

4. 如何使你自己恢復精神

走進內我、「我性」，找到那自己，深入它內一會兒。

問那個我，現在是什麼使它疲乏。「你現在寧願做什麼？你在壓制什麼？你在否認什麼？」（人體不需要你們以爲的那麼多休息。它們所需要的是放鬆。它們所需要的是表達的許可。它們所需要的是它們自由流露的激情。）

當你疲倦時，一百次裡有九十九次，不是因爲你做了什麼事，而是你沒做你想做的事。因此問你自己這些問題。

下一次，如果你能如此做而不致造成損害，就容許自己去做你想做的事。那不是如你曾被教導的自我放縱，那是自我尊重。

5. 認識你自己

向內進入你的靜默裡。擬想你自己進了一個房間。沒有一個人在那兒，除了你。突然，在房間的對面，你看到你自己如你眞正的樣子，在你的內在美裡。溫柔地、有愛心地，容許你自己與你結識。

現在，跟你自己握住手，把你自己帶回來，這一輩子都與他保持接近。那個你剛才遇見的生靈已等了你一輩子，等你注意到他。一旦你注意到了，一旦你學到了你是誰（需要作很多這種練習：我鼓勵你至少一天一回），你將開始覺悟，別人怎麼想沒多大關係。那難道不會放你自由嗎？

6. 重新感知自己

每天花十分鐘把你自己看作是眞正**似神樣**的生靈，懷有散播**光明**的極美好任務，不論你在什麼地方。

把你自己看作在不害羞地給予愛和愉悅，看作是帶笑的，看作是相信和平與喜悅，並且沒有痛苦的。

試試看，你將發現那是你感染到最具傳染性的東西。

7. 發現你的人生任務

你做得最好的是什麼事？什麼給你最大的成就感？那即你的任務所在。

心不止透過祈禱和冥想說話，它也透過欲望──純粹、簡單的人的欲望──說話。

8. 一個喚醒「前生」記憶的方法

爲了做這個練習，找一個你最親密的人。當兩人都有空時，彼此安適的面對面坐著。你們兩手相觸，閉上眼，不說一個字，容許一個視象來到。

不要勉強。信任更大的實相。它比你的意識心要遠爲聰明而有創造性。然後，過了一會兒，分享你的影像。我相當有把握，這將帶給你們一個相當可驚程度的證實，你們兩人曾有過共同的前生經驗。

9. 擴展自己

閉上你的眼睛，集中注意力於你右手的食指。體驗它的次元。你對那手指熟悉。你知道它的大小、形狀及它的感受如何。

現在盡量地擴展你對那指頭的覺知到你仍覺得自在的程度，仍覺得「對的，那是我的手指」。

現在擴展你的手指超過那熟悉的感覺。你注意到你自己也充滿了那手指的空間，把熟悉的界限向外推展，而沒失掉自己。

那就是你們本來應該做的，把界限向外推展而沒失落自己，經由那過程而伸展入**更大的自己**、要願意越過已知而走入未知，而當你一旦進入了它，未知即刻變成了已知。

10. 抹去你身體的界限

閉上你的眼，擬想著身體的輪廓，好似它是以一枝非常深黑的鉛筆劃出來的。對你身體的形狀要忠實地描出。

在描出你自己的輪廓後，你已清楚地認明了這人格－自我的結構。

現在，擬想一塊大橡皮，讓它開始擦去身體的線條（有些部分也許會表現得比其他的要頑固，較不易擦掉，這資料在稍後的自我查究上會有用。）

當你到達你的頭頂時，要特別徹底地把它抹擦乾淨。讓一切自然發生。給它時間。

容許你對「**自己**的意識」擴展。

你現在已向人類肉體經驗的幻相挑戰。要靠在擦掉時你有多勇敢，你已容許你自己擴展到遠超過肉體身分的界限。

11. 停留在現在

實在是有一個永恆的現在。這兒有個不費力的方法去達到它（不費力因爲一個人必須呼吸）。

閉上你的眼，把你的意識集中在這一刻。對你的呼吸要有覺知。觀察它的起伏。現在，當你吸氣時，吸入到你下一剎那的存在。當你呼氣時，呼出所有曾經的一切。再吸入將來。呼出所有的過去。

有意識地跟隨你的呼吸。讓每次呼氣放你自由。讓每次吸氣把你帶到現在這一刻。就只是這樣。做一會兒這個練習。

現在，當你到達你吸氣的頂點時，停頓一下，別勉強，容許那自然的停頓，然後呼出。現在逐漸地，當你觸及那在吸氣和呼氣之間的空隙時，讓你自己在那兒休息（再次的，沒有緊張）。你正在觸及**永恆的現在**。

當你做這練習，你將發現在吸和呼之間的空間變大了，變成你的居留之所。

沒有未來，沒有過去，只是存在。

12. 抽查

當你執行了一日，記下那些時刻：

A. 你停止你自己的施愛。

B. 你相信你不配被愛。

尾聲

把那門一次又一次的打開

在一段時間裡，事實上，在用來集成這書的五年時間裡，去整理、消化和吸收伊曼紐的見解，是伊曼紐在一次冥想中曾與我們這些參與者——派特、羅蘭、藍·達斯和我自己——討論的一個過程。

他說：「是有這個必要去琢磨，去設計再設計，去干預、督促與探求，以完成，不只是這本書的出版，而是你們每個人內心的目的，關於你們的貢獻是否值得，以及，的確，這整件事的眞實性。你們親愛的、甜蜜的、被遺忘的**光**之靈，當你們在工作，你們在這些字眼裡、短句裡及整個觀念本身裡，找到了勇氣，去再一次相信許多你們認爲已遺忘了的事。聽到這些事時，一開始你們認爲不能使自己信賴它們。

「你們沒有一個人對熱望的高度是陌生的，卻是一次又一次地來，滿心決定要攀登上那終極的山。而每回都有岔路、有停頓。簡而言之，那兒有恐懼——因爲你們忘了你們是『誰』及來做『什麼』事而害怕。

「且說一旦你們認識了那個『誰』，那個『什麼』就一點都不重要了。你們全明白這個，但像大半的事一樣，它值得重複，既然人的記憶是很短的。那使它決心要抓住一些它立即知道是眞實的事。記憶被雲翳，只是人類經驗的過程之一部分。在這工作裡，你們有機會一而再地打開通向你們遺忘了的事物之門。

「那麼，讓我們放掉記憶，讓經驗流動吧。沒有要攀附依靠的東西。不需要記住任何事，卻只要存在。而那需要絕對的信心。因爲在存在裡，沒有一樣事是在掌握中的。只有『如是』，那是**上主**的絕對安全。」

在努力於找「什麼」——這書——時，我們的確經常地被提醒這整件事的眞實性。再一次相信許多我們遺忘了的事的勇氣，一次又一次地被強化。爲我而言，「重複」融化了許多曾抑止經驗之流的恐懼。

我勸你們也重複地用這書，研究它，把那門一次又一次的打開，而讓伊曼紐引領你們永遠更趨近於認識你永恆的安全。

我深深感激伊曼紐，我由內心深處向他致謝。

朱蒂絲·史丹頓

愛的推廣辦法

看完這本書，是否激盪出您內心世界的漣漪？

如果您喜歡我們的出版品，願意贊助給更多朋友們閱讀，下列方式建議給您：

1. 訂購出版品：如果您願意訂購一千本（印刷的最低印量）以上，我們將很樂意以商品「愛的推廣價」（原售價之 65 折）回饋給您。
2. 贊助行銷推廣費用：如果您認同賽斯文化的理念，願意贊助行銷推廣費用支持我們經營事業，金額達萬元以上者，我們將在下一本新書另闢專頁，標上您的大名以示感謝（每達一萬元以一名稱為限）。

請連絡賽斯文化或財團法人新時代賽斯教育基金會各地分處，我們將盡快為您處理。

● 愛的連絡處

如果您認同本書的觀念及內容，想要接受我們的協助；如果您十分認同本書的理念，想依循本書的觀念成為一位助人者的角色；如果您樂見本書理念的推廣，而願意提供精神及實質的協助；請與財團法人新時代賽斯教育基金會各地分處連繫：

● 台中總會　電話：04-22364612　傳真：04-22366503

E-mail: edu10731@seth.org.tw

台中市北區崇德路一段六三一號 A 棟十樓之一

● 台北辦事處　電話：02-25420855

E-mail: taipei@seth.org.tw

台北市中山區長安東路二段四九號六樓

- 新北辦事處　電話：02-26791780

  E-mail: xinpei@seth.org.tw

  新北市新莊區思源路一七三號十二樓

- 新竹辦事處　電話：03-659-0339

  E-mail: hsinchu@seth.org.tw

  新竹縣竹北市嘉豐六路一段九六號二樓

- 嘉義辦事處　電話：05-2754886

  E-mail: Chiayi@seth.org.tw

  嘉義市吳鳳北路三八一號四樓

- 台南辦事處　電話：06-2134563

  E-mail: tainan@seth.org.tw

  台南市中西區開山路二四五號十樓

- 高雄辦事處　電話：07-5509312　傳真：07-5509313

  E-mail: kaohsiung@seth.org.tw

  高雄市前金區中山二路五〇七號四樓

- 屏東辦事處　電話：08-7212028　傳真：08-7214703

  E-mail: pintong@seth.org.tw

  屏東市廣東路一二〇巷二號

- 賽斯村　電話：03-8764797　傳真：03-8764317

  E-mail: sethvillage@seth.org.tw

  花蓮縣鳳林鎮鳳凰路三〇〇號

- 賽斯 TV　電話：02-28559060　E-mail: sethtv@seth.org.tw

  新北市新店區北新路一段二九三號七樓之三

- 香港聯絡處　電話：009-852-2398-9810　E-mail: info@seth.hk

● 深圳市麥田心靈文化產業有限公司

許添盛微信訂閱號：SETH-CN

微信：chinaseth　電話：86-15712153855

● 新加坡賽斯基金會

電話：869-957-65　E-mail: sethsingapore@hotmail.com

● 馬來西亞賽斯教育基金會　電話：016-5766552

E-mail: admin@seth.org.my

● 澳洲賽斯身心靈協會　電話：006-432192377

E-mail: ausethassociation@gmail.com

● 台灣身心靈全人健康醫學學會　電話：02-22193379

傳真：02-22197106　E-mail: tshm2075@gmail.com

新北市新店區中央七街二六號四樓

賽斯文化 特約點

台北	佛化人生	臺北市大安區羅斯福路3段325號6樓之4	02-23632489
	墊腳石重南店	臺北市重慶南路1段3號	02-23708836
	水準書局	臺北市浦城街1號	02-23645726
中壢	墊腳石旗艦店	中壢市中正路89號	03-4228851
新竹	墊腳石新竹店	新竹市中正路38號	03-523-6984
台中	諾貝爾旗艦店	臺中市公益路186-2號	04-2320-4007
斗六	田納西書店	雲林縣斗六市民生南路6號1F	05-532-7966
嘉義	墊腳石嘉義店	嘉義市中山路583號	05-2273928
台南	政大書局台南店	台南市中西區西門路2段120號B1	06-2239808
高雄	青年書局	高雄市青年一路141號	07-332-4910
	鳳山大書城	高雄市鳳山區中山路138號B1	07-743-2143
	明儀圖書	高雄市三民區明福街2號	07-3435387
花蓮	政大書局花蓮店	花蓮市中山路547之2號3樓	038-316019

依爾達 特約點

台北	玩賽斯工作室	台北市大安區雲和街63號	02-23655616
新竹	新竹曼君的店	新竹市東南街96巷46號	035-255003
台中	賽斯興大讀書會	台中市永南街81號	0932-966251
高雄	天然園	高雄市林園區林園北路264號	07-6450406
	間隙輕展覽空間	高雄市左營區富國路450巷24號	07-5508808
美國	北加州賽斯人	sethbayareagroup@gmail.com	
馬來西亞	賽斯學苑	sethlgm@gmail.com	009-60122507384
	檳城賽斯推廣中心	sethPenang@gmail.com	
	檳城賽斯心靈推廣中心	sethspaceplt@gmail.com	009-601110872193

賽斯文化

想完整閱讀賽斯文化的書籍嗎？
以上地點有我們全書系出版品喔！

百萬CD
千萬愛心

請加入賽斯文化　百萬CD推廣行列

自2006年10月啟動「百萬CD，千萬愛心」專案至今，CD發行數量已近百萬片。這一系列百萬CD，由許添盛醫師主講，旨在推廣「賽斯身心靈整體健康觀」，所造成的影響極其深遠。來自香港、馬來西亞、美國、加拿大、台灣等地的贊助者，協助印製「百萬CD」，熱情參與的程度，如同蝴蝶效應一般，將賽斯心法送到全世界各個不同角落——隨著百萬CD傳遞出去的愛心與支持力量，豈止千萬？賽斯文化於2008年1月起，加入印製「百萬CD」的行列。若您願意支持賽斯文化印製CD，請加入我們的贊助推廣計畫！

百萬CD目錄

（共九輯，更多許醫師精彩演説將陸續發行）

1. 創造健康喜悅的身心靈
2. 化解生命的無力感
3. 身心失調的心靈妙方（台語版）
4. 情緒的真面目
5. 人生大戲，出入自在
6. 啟動男人的心靈成長
7. 許你一個心安
8. 老年也是黃金歲月
9. 用心醫病

贊助辦法

在廠商的支持下，百萬CD以優於市場的價格來製作，每片製作成本10元，單次發印量為1000片，若您贊助1000片，可選擇將大名印在CD圓標上；不足1000片者，可自由捐款贊助。

您的贊助金額，請劃撥以下帳戶，並註明「贊助百萬CD」。
賽斯文化將為您開立發票，並請於劃撥後來電確認。
郵局劃撥：50044421 賽斯文化事業有限公司　　聯絡方式：02-22196629分機18

Seth
賽斯身心靈診所
院長　許添盛醫師

心靈的殿堂　賽斯學院
需要您慷慨解囊　一起播下愛的種子

賽斯鼓勵每一個人都應該去建立內在的「心靈城市」...

賽斯村就是賽斯家族內在的「心靈城市」，就是心中的桃花源，就是我們心靈的故鄉。

在這裡沒有批判，沒有競爭，沒有比較，充滿智慧，每個生病的人來到這裡就能得以療癒，每個失去快樂的人來到這裡就能重獲喜悅，每個生命困頓的人來到這裡就能找到內在的力量，重新創造健康、富足、喜悅、平安的生命品質。

「賽斯村-賽斯學院」由蔡百祐先生捐贈，從心中藍圖到落實為一磚一瓦的具體建築，民國103年第一期工程「魯柏館」及「約瑟館」終於竣工；在這段篳路藍縷的興建過程中，非常感謝長久以來各方的贊助與支持，「賽斯學院的建設計畫」才能順利進行。

第二期工程「賽斯大講堂」即將動工，預估工程款約三仟萬，期盼您的持續贊助與支持~~竭誠感謝您的捐款，將能幫助更多身心困頓的人找回生命的力量！

服務項目

◎住宿 ◎露營 ◎簡餐 ◎下午茶 ◎身心靈整體健康觀講座 ◎身心靈成長工作坊 ◎賽斯資料課程及讀書會 ◎個別心靈對話 ◎全球視訊課程連線 ◎企業團體教育訓練 ◎社會服務

捐款方式

一、匯款帳號：006-03-500435-0　　銀行：國泰世華銀行　台中分行
　　戶名：財團法人新時代賽斯教育基金會

二、凡捐款三仟元以上，即贈送「賽斯家族會員卡」一張，以茲感謝。
（持賽斯家族卡至賽斯村住宿及在基金會各分處購買書籍書、CD皆享有優惠）

地址：花蓮縣鳳林鎮鳳凰路300號　　電話：(03)8764-797
http：// www.seth.org.tw/sethvillage　　Mail：sethvillage@seth.org.tw

Seth
見賽斯 改變一生

心靈魔法學校 -賽斯教育中心啟建計劃

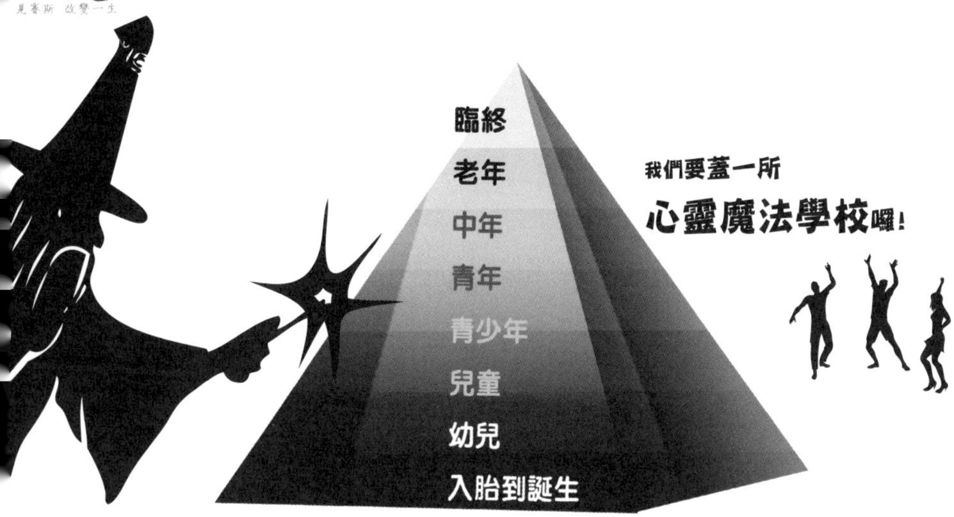

每個人都有不可思議的心靈力量，無分性別與年紀。啟動心靈力量，可以幫助人們自幼及長，發揮潛能，實現個人價值，提升生命品質，明白我們都是來地球出差、旅遊、學習、考察間玩耍的實習神明！

理想

賽斯心靈魔法學校，是基金會實踐心靈教育的具體呈現，整合十幾年來推廣賽斯心法的經驗，精心設計一套完整的人生學習計畫，從入胎、誕生至臨終，象徵人類意識提升的過程。讓賽斯引領每一個人回到心靈的故鄉。

現址

只要每個人一點點的心力，就能共同創造培育『心靈』與『物質』同時豐盛的魔法學校。
第一期建設經費預估四千萬，懇請支持贊助。
賽斯教育中心預定地，設置在台中潭子區，佔地167坪
弘文中學旁邊(中山路三段275巷)

共同創造

賽斯教育中心啟建計畫　贊助專戶
戶名：財團法人新時代賽斯教育基金會
銀行：國泰世華銀行-台中分行(013)
帳號：006-03-500490-2

心情。
Note
筆記

心情。筆記

Note

心情。筆記

Note

心情。

(Note)筆記

國家圖書館出版品預行編目 (CIP) 資料

宇宙逍遙遊：伊曼紐的喜悅之道 / Pat Rodegast著；
王季慶譯. -- 初版. -- 新北市 : 賽斯文化事業有
限公司, 2025.03

面；公分. -- (經典選讀；2)
譯自 : Emmanual's book : a manual for living
comfortably in the cosmos
ISBN 978-626-7332-92-4(平裝)

1.CST：靈修

192.1 113020542

每天的生活，都是靈魂的精心創造

You create your own reality.